Franco W Schneider
„Fachbereich"
in Hypnose-Coaching
und Buchautor
für Sucht und
Erinnerungs-Amnesie
verschollener Erinnerungen

beschreibt in diesem Buch eine hypnotische Fallstudie über einen Klienten, der in
einer Parallelwelt zwischen den mächtigen
Energiepolen, seinem höchsten Gewissen
und Moral und seiner abgrundtiefen
Seelenfinsternis schwankt.

Eine erschütternde Fallstudie, die eher einem
spannenden Psycho-Thriller gleicht, als einer
hypnotischen Fallstudie, aber dennoch eine
wahre Begebenheit ist.

D1720399

»In sich gefangen«
1. Auflage, erschienen 2-2023

Umschlaggestaltung: Romeon Verlag
Text: Franco W. Schneider
Layout: Franco W. Schneider

ISBN: 978-3-96229-423-6

www.romeon-verlag.de
Copyright © Romeon Verlag, Jüchen

Bibliografische Information der Deutschen Nationalbibliothek:
Die Deutsche Nationalbibliothek verzeichnet diese Publikation in der Deutschen Nationalbibliografie; detaillierte bibliografische Daten sind im Internet über *https://portal.dnb.de* abrufbar.

Therapie in Hypnose-Trance

Die Giftsucht:
Das Selbsthilfebuch in Eigentherapie

RAUCHEN und NIKOTINSUCHT BESIEGEN
Den Mensch durch Hypnose aus seinem geistigen „Gefängnis" holen.

In sich GEFANGEN

Ein Hilfeschrei aus der Seelenfinsternis.
Wohin schlägt die Waagschale für Menschlichkeit aus?
Gefahren erkennen - Gefahren vermeiden

„Ich bin GEBOREN und
war schon vorher VERLOREN"
Ein Weg im geistigen Labyrinth der nie endet.
Die Ergründung einer Seelenfinsternis
in Hypnose-Trance

Geheimnisse aus dem Unbewussten

Ein Schritt
ins „Jenseits" und Zurück
EIN BUCH DAS NACHDENKLICH MACHT

EINE NAHTODERFAHRUNG
In Hypnose-Trance ein Blick durch die geöffnete Tür
ins „Jenseits"

Liebeskummer *der mein Leben veränderte*

Das Selbsthilfebuch für die „Zeit danach"
Eine Biographie:

Erinnerungen der Liebe
Die Gefühlswelt in Revolution
Eine hypnotische Weichenstellung
für „Neues Glück"

„Bücher"
die es wert sind,
sich vorzumerken.

„In sich gefangen"

Vorwort

* * *

Liebe Leser,

dieses Buch beschreibt eine erschütternde
Fallstudie einer wahren Begebenheit aus
meiner hypnotischen Arbeit mit einem
Klienten, der in einer Parallelwelt, seinem
höchsten Gewissen und Moral und seiner
abgrundtiefen Seelenfinsternis, gefangen ist.
Viele tiefenhypnotische **Trance-**Einwirkungen
in sein Unterbewusstsein, zurück bis in die
früheste Kindheit, brachten die Abgründe
dieses inneren Zerwürfnisses ans Licht.
Da es anderen Menschen für Gefahr und
Unberechenbarkeit dienlich sein soll,
was nicht immer erkennbar aber gut getarnt ist,
wenn wir in solche Fänge geraten und diesen
nicht entrinnen können, hat sich mein Klient
bezogen auf das Standrecht meiner
Schweigepflicht,

zu dieser Publikation bereit erklärt, sein

Schicksal der Öffentlichkeit zugänglich zu machen. Jedoch in allen Gegebenheiten in anonymer Abhandlung.

Meine Hypnoseinduktionen beschreiben keine Diagnostik oder Psychotherapie.

Sie dienen in diesem Buch der Ergründung einer charakterlichen Seelenfinsternis.

* * *

Klientenfallstudie

I n s i c h g e f a n g e n.
Klient: **B o r i s**
Kapitel: **1 bis 8**

1. Biographische Übergänge. Mein früher Weg in die Kriminalität

2. Die Gesellschaft „**M e i n**" Feind.

3. Mein Leben zwischen **G e w i s s e n** und abgrundtiefer Seelenfinsternis.

4. **A g a l m a t o – P h i l i e.**
Der irreale **M o r d**.
Eine Lebenspartnerin, die da ist, die es aber **n i c h t** gibt.

5. Die **T i e f e n h y p n o s e.**
P a v o r – N o c t u r n u s.
Ein Hilfeschrei aus dem Unterbewussten.

6. Wer bin „ich"?
Die Charakteranalyse.
Meine Identität, die keine ist.

7. Eine abschließende Zusammenfassung
    dieser Fallstudie.

8. Z u r ü c k i n d i e F i n s t e r n i s.

Ich bin geboren und war schon verloren.

* * *

Einleitung

* * *

Liebe Leser,

dies ist ein Buch über den tiefen Sinn des
Lebens,
jedoch in dieser Studie ein verworfenes Leben
das keinen **S i n n** beinhaltet.
Es schildert die Lebensgeschichte eines
Menschen, der begann, nach Hilfe zu suchen,
doch waren letztlich seine Triebenergien für
Kriminalität, Disssozialität und Sadismus
mächtiger und stärker als der Wille für ein
gesellschaftliches, sozial- angepasstes
Verhalten.
Hilfe, die keiner geben konnte und er somit auf
dem einmal eingeschlagenen Weg mit der
dunklen **S e i t e** seines „**I c h´s**" verweilen
und leben musste und die Gesellschaft,
die ihn umgab als feindlich gegen sich zu
sehen.
Mit dieser inneren Zerrissenheit seiner
Treibenergien zur Kriminalität,
andererseits jedoch mit dem **W u n s c h**, ein
soziales Mitglied für Moral und Sittlichkeit in
unserer Gesellschaft zu sein, ein Mitspieler und
kein Zuschauer am Rande der Gesellschaft, sah
er letztlich in dieser Ausweglosigkeit alles
gegen sich gerichtet mit dem pathologischen
Denkmuster,

4

d i e   G e s e l l s c h a f t   i s t   m e i n   F e i n d,

mein Gegner.

Ein Mensch, der in sich gefangen ist auf dem Weg in ein geistiges **L a b y r i n t h**,

der aber nie enden wird, mit einem Hilfeschrei aus seiner Seelenfinsternis, den jedoch keiner hört.

Diese Lebensgeschichte meines Klienten liest sich eher wie ein spannender **P s y c h o t h r i l l e r**,

als eine hypnotische Fallstudie, jedoch bleibt es eine wahre Begebenheit mit einer selbstzerstörerischen Charakterpersönlichkeit.

* * *

Geben wir ihm das namentliche Pseudonym „Boris",

aus einer Kleinstadt nahe dem Weserbergland in Ostwestfalen.

* * *

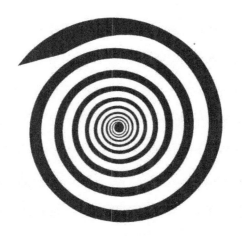

Kapitel 1

Biographische Übergänge.
Mein früher Weg in die Kriminalität.

* * *

Liebe Leser,

in diesem und den nachfolgenden Kapiteln,
musste ich bei meinem Klienten „**Boris**" seine
biographischen Übergänge vom Kleinkind-
Schulzeit- Vorpubertät- Pubertät, bis hin zur
Adoleszenz (Erwachsener) in einem Flickwerk
von Puzzleteilen in eine zusammenhängende
Abfolge bringen, was nicht immer einfach und
auf seine Denkstörungen zurückzuführen war.
Ich hoffe, dass mir dieses Buch gut gelungen
ist.

* * *

Boris,

geboren Anfang der 1980er Jahre in Bosnien, dem früheren Vielvölkerstaat Jugoslawien in einem Dorf nahe der Hauptstadt Sarajevo.

Boris wuchs seinem kulturellen Hintergrund entsprechend in geordneten Familienverhältnissen auf.

Stiefvater, Mutter, Oma, Opa und Schwester aus einem kleinen Bauerngehöft in der landwirtschaftlichen Dorfidylle, zum Großteil mit Selbstversorgung durch Ernteerträge, Tierhaltung und mit großer Sichtweite zu den nächsten Nachbarn.

Das ländliche Leben hatte für Boris als Kind den Vorzug für allerlei Freiheiten mit weitem Auslauf ohne Rücksicht auf Nachbarschaft als Störenfried zu Stadtleben mit Rücksicht auf andere.

Mit Ermahnungen, das darfst und sollst du nicht, was anderen nicht gefällt oder gefallen könnte, wie Boris sich benimmt.

Alles in allem das ländliche Leben war für Boris eine sehr unbeschwerte und einfache Kindheit.

Das Herumturnen in den nahegelegenen Wäldern, am großen Teich Fische fangen und im Winter auf dem vereisten kleinen See sich im Schlittschuhlaufen zu versuchen. Das waren für Boris immer abenteuerliche Erlebnisse.

Die Natur mit all seinen Sinnen ungestört aufnehmen zu können und keiner der da ist, mit du sollst, du musst, das darfst du nicht und keiner, der mit strengen Blicken strafte und ermahnte.

Allerdings die Gedanken an seinen Stiefvater waren immer mit viel Angst verbunden.

Boris wollte keinen anderen an seinem Kinderleben teilhaben lassen, er war lieber allein.

Der Stiefvater hatte Hass auf ihn, weil er und seine Schwester mitgebrachte Kinder aus Mutters erster Ehe waren, was er in diesem Kindesalter noch nicht begreifen konnte, warum der Hass und die Ablehnung gegen ihn so waren.

Diese Empfindung spürt auch ein Kind, dazu braucht es kein Alter. Es reicht, beschimpft und drangsaliert oder mit Stiefvaters Hosengürtel verprügelt zu werden.

Bei der Haus- und Hofarbeit, da wurde Boris auch schon als Kind immer mit kleinen Arbeiten und Aufgaben eingebunden.

Sei es bei der Tierfütterung, der Stallarbeit oder der Hof- und Feldarbeit, so gut es ihm eben möglich war, dem er aber immer widerspenstig trotzte.

Da war dann der Hosengürtel vom Stiefvater für Prügel wieder sehr locker, mit bösen Blicken auf den kleinen Boris.

Alkohol war für Stiefvater immer wie sein tägliches Brot, das zu ihm gehörte und an den meisten Tagen auch aus dem Ruder lief.

Dann war selbst seine Mutter auch nicht mehr sicher vor ihm.

Die Angst vor dem nächsten Tag ging somit immer um. Opa und Oma schwiegen, sie waren zu schwach für Widerstand.

… Und so vergingen für Boris die Jahre der Frühkindheit.

Die Einschulung rückte näher und näher und war für Boris und Mutter mit viel Ungeduld und Aufregung verbunden. Der erste Schultag in der Grundschule im entfernten Nachbardorf in Begleitung der Mutter stand an.

Angekommen am Schulhof war Boris sehr verschreckt über die vielen anderen Schüler und Schülerinnen. Tat sich ihm doch eine so ganz andere neue Welt auf. Eine Welt, die er bisher nicht kannte, die ihm fremd und erschreckend vorkam.

Mutter erkannte dieses und versuchte ihrem Jungen Mut und Freude zu vermitteln.

Doch waren ihre Bemühungen vergebens.

Boris war starr vor Verschrecken und zu einer Leblosigkeit, ja einer Eissäule geworden.

Ein Gesicht, das Freude ausstrahlen sollte, war ihm nicht möglich.

Boris versank förmlich in sich selbst.

Das Einzige, was Mutter bei ihm noch deutlich merken konnte, das war sein Ziehen an ihrer Hand und Kleidung mit Tränen in den Augen.

Nur weg von diesem schrecklichen Ort so oder ähnlich verhielt Boris sich in seinem kindlichen Unglück.

Viele umstehenden Mitschüler und Eltern erkannten diese Unwilligkeit, wodurch sein Weinen und Gezerre an Mutters Kleidung noch stärker wurde und eine weitere Teilnahme am Schulempfang nicht mehr möglich machte.

*

Nur weg von diesem unerträglichen Ort, der für ihren Jungen nichts Gutes verhieß.

Erleichterung tat sich beim Verlassen des Schulhofes auf, was auch für Mutter eine große Erleichterung war.

Zu Hause angekommen war das für alle schwer verständlich, warum und wieso alles missglückte und wurde auch für den Rest des Tages verschwiegen.

Boris jedenfalls rannte wieder zu seinen bekannten und vertrauten Spielplätzen,
Wald, Bach, See.

Raus in die Natur, das kannte er, da fühlte er sich **frei** und **wohl.** Für diesen Tag war erst einmal alles wieder gut.

Nur, damit war es nicht angetan, denn ein neuer Schultag in den nächsten Tagen stand bevor.

Stiefvater und auch Oma und Opa schalteten sich ein und redeten Boris gut zu.

Stiefvater drohte mit allerlei Strafen.

Du musst zur Schule „du musst, du musst und du wirst zur Schule gehen, sonst"?

So seine Drohungen.

… Der zweite Schultag stand nun an.

Boris wurde noch am Vorabend zurechtgewiesen und bekniet und sollte diesmal von Mutter und Schwester begleitet werden.

Frühmorgens zum Wecken ging Mutter wie jeden Morgen in sein Kinderzimmer. Doch wo war der Junge? Sein Bett war leer, Boris war nicht da.

Aufruhr im ganzen Haus machte sich breit Der Hof und das weite Grundstück wurden abgesucht.

Boris war verschwunden. Wo nur war der Junge?

Die Angst ging um, wo ist Boris.

Die ältere Schwester und der Stiefvater machten sich auf den Weg in den nahegelegenen Wald und das Bachgelände, wo der Schwester die Spielplätze von Boris bekannt waren.

Stunden um Stunden mit Ungewissheit bis in
die Abenddämmerung hinein vergingen.
Die Dunkelheit brach ein.

… Und da, von Weitem der Schatten einer
menschlichen Gestalt. Ein Mann war zu
erkennen, es war der Nachbar, vom entlegenen
Gehöft, mit dem verschreckten und ängstlichen
Jungen fest im Griff der Hand.
… Ja, ja, den habe ich in meiner Scheune im
Heuhaufen aufgegabelt.
So der Nachbar, er war am Schlafen und hatte
noch Glück gehabt, die große Forke beim
Heuladen hätte ihn fast erwischt.
Man bedankte sich bei dem Nachbarn mit der
Umkehr auf den langen Weg nach Hause.
Noch schwieg der Stiefvater auf dem Weg in
der Dunkelheit, aber je näher Haus und Hof
rückten, desto aggressiver und wütender wurde
er.
Seinen Hosengürtel für Schläge hatte er sich
schon umgemacht und mit Prügel und
Geschimpfe wurde Boris in sein Zimmer
weggesperrt.
Mutter war trotzdem erleichtert, dass ihr Junge
zurück war und machte sich am nächsten
Morgen auf den Weg zur Schule, um für den
fehlenden Schultag eine Entschuldigung
vorbeizubringen.
Dieser Tag war für Boris ein zweites
schmerzhaftes und prägendes Erlebnis.
Eine fremde Welt, die sich ihm da auftat, die er
ablehnte und an der er nicht teilnehmen wollte.

13

Nun, wie sollte es weitergehen in den
Anfängen seiner Schulzeit.

Jeder Tag wieder weglaufen, jeden Tag wieder
Schimpfe und Prügel, jeden neuen Schultag
mit einer mächtigen Angst beginnen müssen
oder mit Mutter an der Hand an diesen
feindlichen Ort gebracht zu werden, der für
Boris nichts Gutes bedeutete.

… Menschen mit bösen Blicken, die auf ihn
herabsehen, Kinder sowohl auch Erwachsene,
die mit ihm nichts Gutes wollen.

So oder ähnlich seine kindlichen Ängste.

* * *

… Dagegen wehrte sich Boris und baute einen
starken inneren Widerstand, eine Art seelischer
Schutzwall auf.

Wie also sollte es nun weiter mit Schule,
Mitschüler, Lehrer und Lernen gehen?

Das wird sicherlich schon jetzt zu einem
großen Problem für Boris werden, so die
Vorahnungen der Mutter. Und auch der
Stiefvater wusste darauf nichts mehr zu sagen
und schüttelte nur noch mit dem Kopf.

Was für ein Frechdachs,
was für ein Frechdachs wiederholte er immer
wieder.

Auch redeten Opa und Oma beruhigend auf
Boris ein, denn ein neuer Schultag mit all
seinen Herausforderungen stand an.

Nur lief diesmal doch alles anders für den
Schulbesuch ab, als beim ersten Mal.
Die Familie löste sich als Nachtwache vor
Boris′ Zimmer ab und auch die Fenster waren
verriegelt, um ein erneutes Weglaufen zu
verhindern.
Boris blieb diese neue Maßnahme nicht
verborgen und an Einschlafen war in dieser
Nacht für alle nicht zu denken. Die Angst vor
dem morgigen Schultag geisterte Boris im
Kopf herum.
Die Nacht war für ihn sehr aufgewühlt und
kurz.
… Der Morgen brach an mit Mutters Wecken
und Fertigmachen zum Schulgang.
Das Frühstücken fiel wegen der vielen
Aufregung sowieso aus und Boris fühlte sich
isoliert von Stiefvater, Mutter und Schwester.
Keine Chance für eine Flucht tat sich auf, wo
immer auch hin.

* * *

Nun geht es los.
Boris fest im Handgriff von Mutter und
Schwester. Der Schulweg war lang und die
Bockigkeit von Boris groß.
Schwesterchen hatte immer viel großen
Einfluss auf den kleinen Boris und konnte
beruhigend auf ihn einwirken.

… Und da, in weiter Sicht, das Schulgebäude mit den hohen Mauern drumherum.

Allein schon die hohen Schulmauern mit dem Gefühl der Erinnerung lösten bei Boris große Angst aus. Die hohen Mauern, keine Freiheit und kein Weglaufen möglich so oder so ähnlich die kindlich ablaufenden Gedanken.

Aber siehe da, was Mutter vorher nicht fertig gebracht hatte, das schaffte seine Schwester. Der Weg über den langen Schulhof, das Eingangstor zur Schule, die langen Schulflure und dann die Tür zum Klassenzimmer, immer wieder mit beruhigendem Reden wirkten auf Boris ein.

Das gab ihm Mut, Vertrauen und Sicherheit von Schwesterchen.

Das sind keine bösen Kinder und alle haben die gleiche Angst wie du, wir lassen dich hier nicht allein.

Eine sehr freundliche Begrüßung durch eine Lehrerin folgte auf den kleinen Boris, da ihr sein Problem der Angst und Bedrohung durch Mutters Vorsprache bekannt war.

… Boris in seinen kindlichen Gedanken: Nur gut, dass es eine Lehrerin ist und kein Lehrer, denn sonst hätte das einen Vergleich mit dem prügelnden Stiefvater geben können und eine Teilnahme am Unterricht erneut unmöglich gemacht. Aber Boris hatte Glück in seinem Unglück.

Es war eine Lehrerin und sogar eine recht nette und höfliche Lehrerin, von der keine Bedrohung und Gefahr ausging.

Boris wurde von der Lehrerin durch das Klassenzimmer zu seinem Platz geführt, wo andere Schüler und Schülerinnen schon auf ihren Plätzen saßen und ihm mit freundlichen Blicken folgten. Also keine bösen Blicke, die Boris bedrohten.

Das machte ihm Mut, um ruhig zu bleiben. Mutter und Schwester verabschiedeten sich mit gutem Zureden und warteten draußen bis Schulschluss für den Rückweg nach Hause.

Die Schulstunden gingen mit einem Glockenschlag zu Ende.

Alle Schüler rannten aus dem Klassenzimmer in den Schulhof, wo schon viele Eltern auf ihre Kinder warteten.

… Was nun ist das schon wieder, wo ist der Junge bloß?

Boris ist schon wieder verschwunden.

Auf der Suche durch das Schulgebäude stand Boris mit der Lehrerin, die noch einige beruhigende Worte für seinen Nachhauseweg hatte.

Gott sei Dank.

So Mutter und Schwester, er ist nicht wieder weggelaufen.

Der Junge freute sich und keine Spur von Bedrohungsgefühlen mit Angst zum großen Erstaunen aller.

Und siehe da, Boris wollte gar nicht so schnell aus dem Schulgebäude.

Er wollte gucken und betrachten und staunen an der Hand der Lehrerin durch alle Schultage.

Vieles wurde von ihm sehr genau inspiziert. Viele Fragen wurden gestellt, die so gut es möglich war von Mutter und Lehrerin beantwortet wurden.

… Na, das war doch heute alles toll und ein aufregender Tag für alle. Das alles so gut verlaufen war, hätte doch keiner für möglich gehalten, eher das Gegenteil war zu erwarten. Oh, was für eine Erleichterung machte sich bei allen breit und sogar der Stiefvater beruhigte sich wieder. Dieser Tag war gerettet mit viel guter Erwartung auf den nächsten Schultag. Noch am Nachmittag dieses Tages lief Boris wieder zu seinen vertrauten Spielplätzen, Wald, Fischteich, einfach Natur, um allein zu sein, nur für sich, das ist ihm immer sehr wichtig gewesen.

Mutter und Schwester schritten den Schulweg mit Boris noch einige Male ab, bis dieses zur festen Gewohnheit geworden war.

… Doch nach und nach schlug die mächtige Schulangst beim kleinen Boris in Mutigkeit um.

Zu Anfang verlief die Schulteilnahme alles in allem recht normal.

Kleinere Annäherungen zu Freundschaften mit anderen Schülern bahnten sich an und auch am Unterricht war eine rege Teilnahme zu beobachten. Und so vergingen die ersten Schuljahre, bis sich doch nach und nach bei Boris merkliche Unterschiede zu anderen Mitschülern äußerten.

Sein oppositionelles und aggressives Verhalten den Lehrern gegenüber und ganz besonders mit Belästigungen und Anzüglichkeiten den Schulmädchen gegenüber.

Es hagelte viele Beschwerden an die Eltern von Boris. Bestrafungen und Züchtigungen vom Stiefvater waren die Folge.

Insgesamt fünf Schuljahre mit all diesen Problemen durchstand Boris und wurde dabei einige Male für Klassenwiederholungen zurückgesetzt.

Mit einem bis dahin stark weiterentwickelten aggressiven und bedrohlichen Verhalten, waren alle gleichermaßen betroffen, Lehrer sowie Mitschüler.

In einer kleinen gleichgesinnten Clique fühlte sich Boris als Anführer noch mutiger und legte es förmlich darauf an, sich mit allem, was ihn umgab anzulegen.

Es half alles nichts, Boris war von nun an nicht mehr zu bändigen. Wie soll denn das bloß weitergehen mit dem Jungen. Lehrer und Eltern, alle waren ratlos.

Je mehr Bestrafungen Boris auferlegt wurden, desto mehr beschimpfte , bedrohte und schlug er auf den ein oder anderen ein, was er gerade als Böses gegen sich gerichtet wahrnahm. Dazu reichte schon ein harmloser Blick von anderen, der von Boris als bedrohlich oder auch gefährlich gewertet wurde.

Bei dieser kämpferischen Abwehrhaltung hatte er immer ein leichtes Grinsen im Gesicht.

Boris wurde von einer Machtbesessenheit dominiert.

… Keiner kann mir was, mir tut keiner mehr weh. Mir fügt keiner Schmerzen zu. Ich werde euch Schmerzen zufügen. So sein pubertäres Denken.

Jeder ging dem schon recht stabil gewachsenen Boris aus dem Weg. Er war zum Einzelgänger ohne jegliche sozialen Kontakte geworden. Allein und für niemanden wollte er da sein, denn das kannte er ja schon zu gut aus seiner Kindheit.

Boris, in einem Alter um die zwölf Jahre der Vorpubertät angekommen, da wurde seinen Eltern mitgeteilt, dass eine Schuluntauglichkeit bei ihrem Jungen vorlag, mit einem sofortigen amtlichen Schulausschluss.

Entsetzt die Eltern darüber, aber das war in diesem Land zur damaligen Zeit durchaus möglich, allerdings mit der Auflage im betreuten heimischen Unterricht, damit kein Analphabetentum daraus entsteht.

… Ja, mit anderen Worten Boris war mit eingeschränktem Schulniveau rausgeflogen, was ihm auch ziemlich egal und in seiner Absicht war, mit dem Denken darüber.

… Das gefiel mir da sowieso nie.

… Nur eins, von dem keiner etwas ahnte, brachte Boris aus seiner Kinder- und Schulzeit wieder nach Hause zurück.
Den Spaß mit Quälerei an Tieren ohne jegliche Empathie, Gefühl und Gewissen.

… Boris, nun wieder ganz zu Hause, verbrachte viel Zeit in der Natur an seinen vertrauten Plätzen aus der Kinderzeit.
Am Lernen im Heimunterricht war Boris gar nicht interessiert und auch der betreuende Unterrichtshelfer wusste keinen Rat mehr, Boris zum Lernen zu bewegen.
Boris wollte einfach nicht lernen und zeigte das auch ganz aggressiv. So schlief nach und nach der Heimunterricht ganz ein.

Ab und an half er in der elterlichen Haus-, Hof-
und Feldarbeit, aber auch immer nur gerade so
viel, dass es keinen Ärger mit Stiefvater gab,
der aus Bedenklichkeit nicht mehr mit
massiven Züchtigungen auf Boris einzuwirken
versuchte, nachdem er schon einige Male die
Äußerungen gemacht hatte.

… Ich werde deine ganze Hütte hier
abbrennen. Ich brauche nur aus Versehen ein
brennendes Streichholz in deinen Stroh- und
Heuboden fallen lassen, dann ist hier alles
plattgebrannt bevor die Feuerwehr kommt.
Das gab dem Stiefvater doch sehr zu denken
und er traute es Boris nach all den Problemen,
die er hinter sich hatte, auch zu.
Boris erkannte diese Schwäche beim Stiefvater
und wertete es als nachgiebig und
Ängstlichkeit, was Boris noch weiter anfachte
für Aggressivität dem Stiefvater gegenüber und
dass er letztlich das erreicht hatte, was er
wollte.

… Der Stiefvater war mit seiner
Bedenklichkeit sozusagen ruihggestellt, was
Boris mit einem Hochgefühl erlebte.

… Boris kannte aus seiner Schulzeit noch zwei Schulkumpels, die gewisse Parallelen für aggressives und Gewaltverhalten zeigten und sich zu einer kriminellen Vereinigung zusammenschlossen.

Boris, mittlerweile um die achtzehn Jahre alt, ohne eine ausreichende Schulbildung oder einen Beruf, streunte nun mit seinen gleichgesinnten Kumpels durch die naheliegenden Städte.

In tagelangen Beutezügen mit Raub und Einbrüchen, wobei sich der Stiefvater immer sehr über das viele Geld und die Wertsachen wunderte, was Boris auch ganz offensichtlich zeigte und vieles im häuslichen Bereich lagerte.

Der Stiefvater, wohl ahnend, dass dies alles nicht mit rechten Dingen zugehen konnte, ignorierte das vorsorglich, wobei er immer noch im Auge hatte, da waren schon drei recht stabile Jugendliche, die ihm da so gar nicht freundlich gegenüberstanden, und dem die früheren Androhungen von Boris, hier alles abzufackeln, noch gut in Erinnerung geblieben waren.

Es dauerte nicht allzu lange, bis die Polizei
eine Spur in den heimischen Bereich zu Boris
ausfindig gemacht hatte. Verhaftung und
Sicherstellungen aus den massiven
Beutezügen.
Gerichtsurteile mit vier Jahren Gefängnis,
waren für Boris die Folge.

* * *

Nach Verbüßung der Strafe kehrte Boris erst
mal in sein Elternhaus zurück.
Wohin sollte er auch gehen. Seinen alten
Spielplätzen aus der Kindheit ist er zum
Verweilen weiter treu geblieben.
Auch half er zeitweilig wieder in der
elterlichen Landwirtschaft mit.

* * *

Doch war er immer noch mit seinem alten
kriminellen Kumpel verbündet, der schon
früher aus dem Gefängnis entlassen wurde,
wo er auch schon mal tagelang unterwegs war.
Und siehe da, beide verwickelten sich wieder
in kriminelle Machenschaften.
Diesmal jedoch mit einem großen Coup.
Bewaffneter Banküberfall mit Geiselnahme.
Viel Geld in unterschiedlichen Währungen und
gelungene Flucht.

Da Boris aus seiner kriminellen Vergangenheit für die Polizei aktenkundig war, kam man ihm recht schnell auf die Spur und er sollte mit Haftbefehl durch die Kripo unter seiner elterlichen Wohnsitzadresse verhaftet werden. Die Kripo rückte mit einigen Beamten zur Festnahme aus.

… Doch wo ist Boris, kein Boris weit und breit aufzuspüren.

Boris hatte zum Glück im Unglück, dass er zur Zeit der Festnahme wieder einige Tage in Raubzügen mit seinem Kumpel unterwegs war und somit seiner Verhaftung entgehen konnte. In einem etwas späteren Telefonkontakt zum Elternhaus machte die Mutter auf die Verhaftung aufmerksam.

… Sieh dich vor, die Polizei wollte dich abholen und sie suchen dich, komm nicht nach Hause, sonst gehst du wieder für lange Zeit ins Gefängnis.

… Nun war Boris vorgewarnt, dass er zur Fahndung ausgeschrieben war.

Ein Zurück nach Hause ist für mich nun nicht mehr möglich, der Knast wartet auf mich und das will ich vermeiden, so sein Denken darüber.

Nach weiteren Tagen des Umherziehens, um sich mit seinem Beutegeld zu verstecken, kamen Boris die Überlegungen zur **Flucht** in ein anderes Land.

In den Kriegswirren im ehemaligen Jugoslawien 1999 – 2001 bot sich ein anderes Land gut an.

Das reiche Deutschland war sein Ziel.

Denn er hatte nichts zu verlieren, und bei der Vorstrafe noch mal acht oder neun Jahre in den Knast gehen…

… Nein das darf nicht sein.

Zusammen mit seinem Kumpel, der ähnliche Überlegungen hatte und beide genug kriminelles Geld für eine Flucht nach Deutschland besaßen, wurden Pläne geschmiedet.

Und so schafften sie es über die grüne Grenze in den kroatischen Teil des Landes, entlang der Adriaküste mit Autostopp, Bus und Mitfahrgelegenheiten in den bis zu 1300 km entfernten kroatisch-italienischen Grenzbereich, nahe dem Landstrich Floriano.

Über die Alpen durch die Schweiz, Österreich nach Deutschland, das war ihnen zu unsicher und wurde schließlich verworfen.

Italien, Frankreich und weiter nach Deutschland, in das Saarland dabei sollte es bleiben.

Und so wurden in einigen Nächten weitläufig
die grünen Grenzbereiche ausgekundschaftet.

… Und tatsächlich gelang ihnen die Flucht
über die Grenzen.
Sie waren in Italien angekommen. Hier nun
trennten sich die Wege mit seinem Kumpel, der
in Italien bleiben wollte mit der Hoffnung, in
einer späteren Zeit nach Kriegsende doch
wieder nach Bosnien und ins Elternhaus
zurückzukehren.
Sein Heimweh war stärker als die Flucht in
eine unsichere und ungewisse Zukunft.
Nun war Boris erst einmal vor der
Strafverfolgung aus seiner Heimat sicher.
Doch wie geht es weiter?
Geld hatte er genug in den verschiedenen
Währungen aus seinem Banküberfall bei sich.
Sehr wichtig war jetzt, hier in Italien nicht
kriminell aufzufallen.
Denn das wäre sehr gefährlich und dann noch
ohne gültige Aufenthaltspapiere.
Die weisen mich sofort wieder aus und was
dann kommt, das ist der lange Knast, so Boris´
Überlegungen.
Nun war Boris auf sich allein gestellt, ohne
Kumpel als Stützte an seiner Seite für weitere
Pläne nach Deutschland.

… Aber einige wichtige psychischen Werkzeuge hatte Boris in seinem Fluchtgepäck.

Seine charakterlichen Eigenschaften von rauer Natur zu sein und Angst, die er nicht kannte.

Mit anderen Worten, er war nicht kleinzukriegen auf seiner Flucht für den weiten Weg nach Deutschland.

Seine Neigung zur Kriminalität musste Boris von nun an sehr unter Kontrolle halten, denn ein Auffallen auch bei Geringfügigkeiten hätte fatale Folgen, wenn man ihn nach Ausweispapieren fragen würde.

Zum Beispiel:

Nicht bei Rot über die Fußgängerampel gehen und jeden Busfahrschein korrekt zu bezahlen.

Nun trampte Boris unauffällig von Ort zu Ort, von Stadt zu Stadt, in Mitfahrgelegenheiten per Autostopp, Zug oder als Lkw-Mitfahrer mit Übernachtungen in kleinen Privatpensionen und wenn nichts mehr ging dann auch unter freiem Himmel bis kurz vor der italienisch-französischen Grenze.

Etliche Tage mit Auskundschaftungen über einen grünen und wenig kontrollierten Grenzbereich folgten.

Wie schon gesagt, viel Mut und keine Angst, das hatte Boris in seinem Fluchtgepäck.

… Und tatsächlich überwand er unbemerkt die Landesgrenzen von Italien und Frankreich. Hier angekommen quartierte sich Boris ab und an wieder ganz unauffällig in kleinen Pensionen ein, um über seine nächste Fluchtetappe durch Frankreich nachzudenken. Man könnte auch sagen, soweit die Füße tragen, kam Boris nach Tagen in Straßburg an.

* * *

In einer Zufallsbegebenheit erkannte er einen großen Viehtransporter vor einem Rasthof parken, mit einem Lkw-Kennzeichen aus seiner Heimat Jugoslawien.
Vorsichtig beobachtete er die Umgebung und passte den Fahrer auf dem Weg zur Weiterfahrt ab.
Nun ja, wie es manchmal der Zufall so will.
Der Fahrer war ein Landsmann aus Bosnien, also im Sprachaustausch erst mal keine Probleme.
Beide begaben sich zurück in den Rasthof, mit viel Gesprächen über die heimischen Kriegszustände.
Doch dann kehrten sich die Gespräche um und Boris vertraute ihm seine Absichten mit der Flucht aus Bosnien nach Deutschland an.
Es floss viel Geld unter dem Tisch, auf das man sich geeinigt hatte für die Mitnahme, versteckt auf der Ladefläche des Viehtransporters nach Deutschland.

Doch eines wurde ganz klar und
unmissverständlich von dem Fahrer angedroht.

… Solltest du in deinem Versteck auf der
Ladefläche entdeckt werden, dann habe ich
von all dem keine Ahnung, du hast dir während
meiner Pause im Rasthof Zugang zu dem
Viehtransporter verschafft und dich auf der
Ladefläche versteckt „ohne mein Wissen", so
war letztlich der Deal zwischen den beiden.
Die Vorbereitung für die Fahrt zur Grenze ins
Saarland wurde getroffen.
Vorerst nahm Boris noch auf dem Beifahrersitz
in dem Lkw Platz.
Weit vor der französisch-deutschen
Landesgrenze.

… Dann das Umsteigen auf die Ladefläche.
Tief versteckt bei vielen Schweinen, unter
Strohhaufen, Mist und Fäkalien, buddelte sich
Boris ein, wobei der Fahrer half, noch
ordentlich Fäkalien auf sein Versteck häufte.
Aber sicher ist eben sicher. Die Angst vor
Entdeckung stand beiden immer im Rücken.
Dann die französische Grenze.
Der Fahrer stark angespannt.

… Doch was ist das: keine Reaktion der Grenzer. Der Viehtransporter wurde zur Weiterfahrt durchgewinkt, da Wichtigeres anstand.

Die Anspannung für den Fahrer auf der Weiterfahrt in den deutschen Grenzbereich stieg

Denn wenn alles auffliegt, dann gibt es auch für mich erst mal Schwierigkeiten, und Erklärungszwänge, so seine Angstgedanken mit vegetativen Ausbrüchen.

Und da, in Sichtweite die deutsche Grenze: Der Fahrer wurde zum Anhalten eingewinkt.

Es war noch Hochsommer im August mit höchsten Temperaturen.

An diesem Tag um die 40 Grad und mit einem fürchterlichen Vieh- und Fäkaliengestank um den Viehtransporter herum.

Bitte Fahrzeugpapiere und Ladepapiere, so die deutschen Grenzer forsch mit rümpfender Nase, um ein Luftholen gegen den starken Fäkaliengestank zu vermeiden.

Ein kurzer und geschulter Blick auf die Ladedokumente, wobei auf das Zählen der Schweine auf der halboffenen Ladefläche tunlichst verzichtet wurde mit den Worten:

… Alles in Ordnung fahren Sie weiter.
Aber doch noch mit einer Zusatzbemerkung
des Grenzers…
… Wie halten Sie den Gestank nur so lange
aus?
Antwort vom Fahrer:
Witzig und mit einem Lächeln, die Zigarette
noch im Mundwinkel…
… Ich bin daran gewöhnt, das kann wie
Parfüm sein, einen schönen Tag noch und er
setzte seinen Viehtransporter langsam und
schweißgebadet in Bewegung.

*

In sicherer Entfernung zur Grenze dann wurde
ein nahegelegener Rasthof angefahren und
Boris aus seinem Versteck befreit.
Du bist in Deutschland.
Oh, oh, diese Worte gingen Boris runter wie
Honig. Deutschland, so seine Worte und er
nahm dabei seinen fürchterlich riechenden
Gestank gar nicht mehr wahr. Der Fahrer
kannte die Gegend und wies Boris dringlichst
zum nahegelegenen Bach hin, für eine erste
große Vorwäsche mit späterer zweiter
kompletter Wäsche im Rasthof.
Man verabschiedete sich mit den Worten…
Ein Wiedersehen ist eher unwahrscheinlich,
aber alles Gute für deinen weiteren Weg, so der
Fahrer.

… Mit Boris seinen Charaktereigenschaften im Fluchtgepäck, kein Weg ist mir zu weit und keine Mühe zu viel, angstlos und willensfest zu sein,

das hatte das Unmögliche möglich gemacht,

„ **Deutschland**".

Nun, Boris war erst mal sehr zufrieden über seine geglückte Flucht und seiner Strafverfolgung aus Bosnien entkommen zu sein.

Vorerst war erst einmal alles gut, nur wohin geht es jetzt weiter.

Im deutschen Grenzbereich wollte er nicht bleiben, das barg in ihm doch zu viel Unbehagen.

Denn dieses Gefühl aus alter Zeit kannte er nur zu gut. Boris kannte Deutschland nicht einmal von der Landkarte. Nur irgendwohin weit weg von der Grenze durch viel Autostopps, Bus und Zug gelangte er nach etlichen Tagen in den Raum Hannover, wobei er unterwegs immer viel Bedenken hatte vor den deutschen Uniformen.

Sei es die Bahnuniform des Schaffners oder Ordnungsdienstes und andere von der Polizei.

Hier lebte Boris noch gut ein halbes Jahr im Untergrund und stellte sich dann den deutschen Behörden als schutzsuchender Flüchtling aus seinem Kriegsheimatland Jugoslawien.

Hierdurch nun war seine existentielle Grundsicherung erst einmal gesichert und er lebte in einer kleinen Wohnung nahe der Großstadt Hannover.

Für Boris war erst einmal Ruhe eingekehrt und er konnte sich Gedanken machen, wie sein Leben hier in Deutschland weitergehen soll.
Sein ständiges Bemühen, die deutsche Sprache für eine ausreichende Grundverständigung zu lernen, kam ihm jetzt sehr zugute, da er hier und da noch einige Kontakte anknüpfen konnte, die aber im Wesentlichen dem kriminelle-, Prostituierten- oder Drogenmilieu zuzuordnen waren, unter anderem auch mit einigen Landsleuten aus seiner Heimat.
In diesem Milieusumpf konnte nun nichts Gutes erwartet werden und es wurden in einem kleinen Komplott kriminelle Pläne und Machenschaften geschmiedet und ausgeführt.
Allerdings nicht mehr im kleinen Stil, sondern doch schon in einer Größenordnung für Schwerverbrechen.
Eins jedoch schwebte Boris dabei immer wie ein Gespenst im Kopf herum. Die Duldung als schutzsuchender Flüchtling für sein schwebendes Verfahren hier in Deutschland. Nur hier nicht auffallen, sonst droht wegen Straffälligkeit die Abschiebung nach Bosnien und da wartet der lange Knast auf mich. So oder ähnlich hatte Boris seine Bedenken und doch mit einer großen Portion Angst und Respekt den deutschen Behörden gegenüber.

Das Wort „ANGST" was Boris doch eigentlich unbekannt sein dürfte, machte sich jetzt doch bei ihm breit. Es stand seine ganze Zukunft auf dem Spiel. Es war ihm zu wichtig, er wollte Gewinner in diesem Spiel sein, da er ja von frühester Kindheit immer über alles und jedes stand. Verlierer zu werden, das ließ sein Charakterbild nicht zu. Und so hielt sich Boris immer sehr zurück und nur am Rande der kriminellen Machenschaften in seinem Clan auf.

Ein Clankumpel brachte ihn dann auf die ganz legale Idee, für seinen endgültigen und vorzeitigen Aufenthaltsstatus in Deutschland zu heiraten.

… Also Missbrauch und Erschleichung der Aufenthaltsgenehmigung. Und siehe da, da war doch ein Wort, das Boris so gar nicht recht verstanden hatte, das Wort „legal" und er ließ sich das Wort genauer erklären. Na, wie sollte dieses Wort „ legal" wohl bei Boris ankommen mit so einer kriminellen Laufbahn.

Und so wurden Aktivitäten und Kontakte zu heiratswilligen Damen geknüpft. Und tatsächlich bot sich eine Möglichkeit an. Allerdings auch wieder aus dem prostituierten Gewerbe und nur für viel Geld. Für so einen Plan oder besser gesagt, für so einen Ehe-Coup.

Ende.

Eine analytische Sichtweise

Die biographischen Übergänge in die
Kriminalität.

* * *

Liebe Leser,
die Wegweiser mit dem charakterlichen **Hang**
zur Kriminalität und Gewaltverhalten waren
für Boris schon früh in seiner
Kindheitsentwicklung unmerklich gestellt, die
aber in seiner Entwicklungsreifung nicht
immer eindeutig irgendwelchen spezifisch,
genetischen Charakteranlagen zuzuordnen oder
zu erkennen sind.
Was sich aber wie aus Boris´ biographischen
Übergängen im fortschreitenden Alter als
Charakteranlage oder auch als finstere Seite
seines „Ichs" im Drang zum Verbrechertum
äußert.

* * *

… Aber gehen wir noch einmal in einem
kurzen Gedankenspaziergang zurück in seine
Kindheit bis zu seiner gelungenen Flucht nach
Deutschland.

* * *

… aufgewachsen mit seinen kulturellen
Wurzeln und sozialisiert im ehemaligen
Jugoslawien.

* * *

… ein mitgebrachtes und ungeliebtes Kind aus
erster Ehe der Mutter, wogegen der Stiefvater
Hassgefühle mit Eifersucht entwickelte, da es
ja nicht sein Kind war.

* * *

… Freiheiten durch das ländliche Leben und
nur entfernte Nachbarschaft, mit keinerlei
Kontakten und sozial isoliert zu anderen
Kindern.

* * *

… Alleinsein, das war für Boris zum erlernten
und geprägten Verhalten geworden.

* * *

… eine kindgerechte Erziehung wurde durch
die Dominanz des ständig alkoholisierten und
prügelnden Stiefvaters versagt.

* * *

… die Angst war ein psychologisches
Werkzeug des Stiefvaters, für ein gefügiges
Verhalten von Boris.

* * *

… seine Einschulung: da er keine Spielkinder
kannte noch hatte, was befremdlich auf ihn
wirkte, löste große Ängste bei ihm aus.

* * *

… das sich Zurückziehen an seine vertrauten
Kinderspielplätze in eine Art heile Welt, war
ein Ruhepol für sein ständig angespanntes
vegetatives Nervensystem. So auch sein
Weglaufen in die Nachbarschaft vor dem
Schultag mit Angst vor dem Unbekannten. Nur
nicht mehr zur Schule.

* * *

… nun fing Boris aus seinen Gefühlsaffekten und seiner Hilflosigkeit an, ganz unbewusst einen starken und oppositionellen Widerstand gegen alles um sich herum zu entwickeln. Ein seelischer Schutzwall, tief aus seiner verborgenen und dunklen Charakterseite.

* * *

… sein angstfreies Erlebnis, in der Schule mit der Lehrerin, dass Angst nicht wehtut, war für Boris prägend. Angst schlug bei ihm in Mutigkeit, Abwehr- und Gewaltverhalten um. Seine Neuronenvernetzung im Gehirn hatte dieses in seiner kindlichen Reifenentwicklung prägend übernommen. Hierdurch hat sich bei Boris schon sehr früh eine Machtbesessenheit ausgebildet, was sich im bedrohlichen Gewaltverhalten äußerte.

* * *

… Bestrafungen und Züchtigungen konnten ihm nichts mehr anhaben und Angst aus seiner Kinderzeit kannte er nicht mehr. Das war ihm fremd geworden.

* * *

… Schule und Lernen, das war Boris nicht
mehr wichtig. Er lebte in seiner eigenen Welt
mit Unbelehrbarkeit und sozialer Ablehnung
alles und allem gegenüber.

* * *

… Der Stiefvater fügte sich in Boris´
Unberechenbarkeit ein. Und wie er früher mit
dem Werkzeug „Angst" auf Boris einwirkte,
betraf es ihn jetzt im Umkehrschluss, selbst.

* * *

… der Hang zur Kriminalität prägte sich bei
Boris in seinem gleichgesinnten Milieu weiter
aus. Gleiches gesellt sich eben gern zu
Gleichem.
Nur da konnte er sich als **Macher** und **Lenker**
wohlfühlen. Der **Preis** dafür, viele Jahre
Gefängnis mit Erwartung weiterer vieler Jahre
und das schon in seinem jungen Alter als
Spätjugendlicher in der Adoleszenz
(Früherwachsener).

* * *

… der letzte Ausweg dann. Flucht für immer
aus seiner Heimat, wobei ihm seine bis hierher
negativ geprägte Gesinnung zugutekam, mit
dem Denken darüber, ich werde Sieger bleiben,
mir kann keiner was. Eine pathologische
Überschätzung wäre auch ein Ausdruck dafür.

* * *

… Allerdings war der psychische Angstdruck
hier in Deutschland vor einer Abschiebung in
seine Heimat doch so groß, das ihm wie ein
Ungeheuer ständig im Kopf herumgeisterte.
Und Boris begriff, da gibt es doch noch etwas
Mächtigeres, „das Gesetz mit Bestrafung".

* * *

Liebe Leser,
für all diese sehr früh ausgebauten kriminellen
Energien bei Boris, beschreibe und deute ich
Ihnen zum Schluss meines Buches, **die**
Ergründung für den Ursprung dieser
kriminellen Energiequellen.

Ende

KAPITEL 2

Die Gesellschaft, **mein Feind**.

Nun, wie geht es weiter mit Boris hier in Deutschland nach seiner gelungenen **Flucht.** Und in seinem schwebenden Aufenthaltsverfahren als schutzsuchender Flüchtling.
Kann er bleiben oder nicht bleiben?
Kann er sich hier sozialisieren oder war doch alles umsonst? Viele offene Fragen, für die es im Moment noch keine Antwort gibt und wohl nur die Zeit beantworten wird.
Eins jedenfalls stand jetzt schon für Boris fest. Mit dem modernen gesellschaftlichen Umgang und der deutschen Gründlichkeit, werden es seine charakterlichen Eigenschaften äußerst schwer haben, für eine Annäherung oder besser gesagt **Anpassung** an die feine Lebensart hier in Deutschland. Denn alles fing schon früh für ihn mit dieser ablehnenden Haltung an.
Als Einzelgänger oder überhaupt, wenn es für seine **Kriminalität** von Wichtigkeit war, reagierte Boris ohne Rücksicht und ohne Skrupel auf sein Impulsverhalten.

Es hatte sich bei ihm aus Kinder- und Jugendzeit ein feindliches Gedankenmuster, sozusagen ein Feindbild gegen alle sozialen Bereiche aufgebaut und geprägt.

Soziale Kontakte nahm er als etwas Feindliches und Gefährliches mit viel Misstrauen wahr, auch mit beeinflusst durch die kulturellen Wurzeln seiner Heimat, weit gestreut auf dem platten Land sozial isoliert. Da war eben alles anders, mit anderen Gewohnheiten und Traditionen als im modernen Deutschland.

… Alles was hier zum Überleben von Wichtigkeit war, da öffnete sich bei Boris etwas in seinem Charakterrigor (starre) und schraubte sein negatives Charakterbild für seine Vorteilsnahmen, so gut es ihm möglich war, in positive Eigenschaften zurück. In diesem Auf und Ab seiner Gefühlsaffekte, mit den ständigen Einteilungen in **Gut** oder **Böse,** man kann auch sagen in ein Schwarz- oder Weißdenken, ein Freund- oder Feinddenken. Denn dazwischen gibt es für Boris nichts, das natürlich einem täglichen **Martyrium** mit einer inneren Zerrissenheit gleicht. Wegen seines sonderbaren Verhaltens schuf sich Boris nicht unbedingt Sympathien, sondern stieß durch seine negative Persönlichkeit eher auf „**Ablehnung**".

Um es vereinfacht zu sagen, nicht gemocht zu werden. Boris kehrte ganz unbewusst seine schlechten Eigenschaften nach außen, und für jeden erkennbar, „etwas „Unangenehmes". Man meidete Boris gern und machte einen großen Bogen um ihn, was er nur zu gut noch aus seiner Schulzeit kannte.

Egal, ob es um Alltäglichkeiten ging, etwa bei normalen und zwanglosen Einkäufen, Busfahrten oder auch nur bei einem Tagesgruß, Boris fühlte diese Ablehnung als feindlich gegen sich gerichtet und baute stets und ständig eine Abwehrhaltung um sich herum auf.

Seine Charakteranlagen und seine Gefühlswelt diktierten ihm diese kämpferische Abwehrhaltung. Doch tauchten in stressfreien Zeiten auch Fragen bei Boris auf.

Das „**Warum**" das bei ihm so ist?

Was ist falsch und nicht richtig an ihm.

Dieser gedankliche Zwiespalt mit dem Auf und Ab seiner Gefühlsaffekte und Gedanken darüber, von diesen zeitweiligen Moral- und Gewissenszuständen geplagt zu werden bis wieder zum Heruntergleiten in seine finsterste und negative Charakterseite, das ist ein täglicher Kampf zweier mächtiger Energiepole in einem Affektlabyrinth, ohne einen Ausgang aus diesen aufgestauten Energien zu finden. Hierdurch hatte sich seine Charakterpersönlichkeit im Bösen weiter ausgebaut.

* * *

Was blieb, war Boris´ Hass auf alles um ihn
herum. Er neigte eher dazu, das Negative und
den Schmutz an sich zu ziehen. Aber er wollte
doch bleiben und hier am Leben teilnehmen,
ein Mitglied unserer Gesellschaft werden.
Denn das war ja einmal sein notgedrungener
„**Plan**", weg aus der Heimat mit der Flucht
nach Deutschland. Aus dieser, ja man kann
sagen Hilflosigkeit heraus, suchte und fand
Boris immer Gleichgesinnte mit einer ähnlich
negativen Einstellung gegen die Gesellschaft.
Diese Gleichgesinnten waren aber eher die
Außenseiter unserer Gesellschaft also die
Randfiguren oder auch die Gesetzesuntreuen
mit einem Hang zum kriminellen Milieu.
Nun trifft das alte Sprichwort wieder zu…
…**Gleiches** gesellt sich gern zu **Gleichem.**
Nur in dieser Gemeinschaft war das Leben für
Boris erträglich.

… er fühlte sich in dieser negativen Dynamik
seiner Gleichgesinnten bestätigt. So war er
nicht allein mit seiner Charaktereinstellung und
seinen Feindgedanken gegen die Gesellschaft.
Denn Gemeinsamkeit und gut eingebunden in
so einen **Sumpf,** das macht gewöhnlich immer
stark.

* * *

Doch gewisse Abstriche musste Boris machen
und sich aus dieser gesellschaftsfeindlichen
Haltung ab und an herauslösen.
Denn da waren wichtige behördliche
Vorsprachen bezüglich seines
Aufenthaltsverfahrens als schutzsuchender
Flüchtling zu regeln.
Dieses konnte nur er selbst und er konnte
keinen Beauftragten dafür losschicken.

… Persönliches Erscheinen bei deutschen
Behörden, das war für Boris immer ein
„**Desaster**" mit höchst vegetativen
Überregungen bis hin zur Verstummung, kein
Wort mehr rauszukriegen, wenn er Rede und
Antwort deutschen Beamten oder noch
schlimmer Beamtinnen, geben sollte.
Aus dem starken und machtbesessenen Boris
ist dann eine regelrechte Eissäule geworden,
die eine Kommunikation nicht mehr herstellen
ließ. Vor allem bei wichtigen Fragestellungen,
die wahrheitsgetreu von ihm beantwortet
werden mussten, was für den fragenden
Beamten immer im Verdacht auf Lügen und
Unaufrichtigkeit für eine
Aufenthaltserschleichung stand. Mit anderen
Worten, es fiel dem Beamten immer äußerst
schwer, Boris die Wahrheiten und
Richtigkeiten zu entlocken.

Er hatte genug zu verbergen und musste immer sehr auf der Hut sein, dass seine kriminelle Tarnung nicht aufflog.

Man tat sich durch Verzögerungen in dem Aufenthaltsverfahren für Boris sehr schwer, einen unbefristeten Aufenthalt hier in Deutschland zu genehmigen. Doch erhielt er letztlich einen befristeten Aufenthalt mit Arbeitserlaubnis, bis ein endgültiger Aufenthaltsbescheid erstellt werden sollte.

Dieses war wieder mit vielen Gängen zur amtlichen Arbeitsvermittlung verbunden, wobei Boris bei verschiedenen Firmen vorstellig werden musste.

Eine Baufirma schließlich stellte ihn für einfache Arbeiten als Bauhelfer und Handlanger ein.

Eine Branche, in der zuweilen immer ein raues Arbeitsklima mit Kommandos herrschte.

Spätestens jetzt tat sich bei Boris eine Gefühlsrevolution auf.

Vorgesetzte, Vorarbeiter und andere Kollegen, die ihm was sagten. Nicht nur sagten, sondern anordneten, was zu machen ist, mit dem **du musst** und **du machst** das jetzt.

Diese Worte kannte Boris noch aus seiner Kinder- und Schulzeit und da waren seine Gefühlsaffekte zum Explodieren nah, in diesem unerträglichen Zustand.

Aber er durfte nicht explodieren.

Das schwebende Gespenst spukte in seinem Kopf herum.

… Boris bleib ruhig, sonst geht es ab in den heimatlichen „Knast" so oder ähnlich war sein Denken darüber.
Jeder neue Arbeitstag war von nun an ein **Martyrium**, geplagt von seinem sich fügen und anpassen, bis runter in seine abgrundtiefe Charakterfinsternis.

… Und siehe da, nun rückten die alten Erinnerungen durch den „Clan-Kumpel" wieder näher. Legaler Aufenthalt durch Heirat, Umgebung des Behördendschugels als geschickter Schachzug.

… Ein neuer krimineller Coup:
die Verheiratung zur Aufenthaltserschleichung für Deutschland sollte nun eingelenkt werden mit alten Kontakten zu heiratswilligen Damen. Wobei sich eine besonders für viel Geld dafür interessierte.
Nur gut, dass sich Boris vor seinem Entschluss zur Flucht aus Bosnien, alle wichtigen Dokumente durch seine Schwester besorgen ließ.

… Nichtsahnend durch ein Telefonat mit Boris durchsuchte sie in Mutters Verstecken nach diesen wichtigen Unterlagen und von Ausweispapieren, Reisepass, Geburtsurkunde und sonst noch Wichtigem, das durch Verabredung an einem seiner bekannten Kinderspielplätze übergeben werden sollte.

Denn zu Hause durfte Boris ja nicht mehr auftauchen, die Polizei lag auf der Lauer, ihn einzufangen.

Fragen der Schwester, die damals eine Flucht vermutete, wich Boris mit oberflächlichem Drumherumgerede aus.

… Er würde für längere Zeit Urlaub machen, da die Polizei ihn ja suchen würde und mit dem Versprechen, Mutter nichts weiter von dem Treffen und den Dokumenten zu sagen.

Hätte Boris diese wichtigen Dokumente hier in Deutschland nicht zur Verfügung gehabt und müssten erst über Konsulate aus Bosnien auf dem Amtsweg angefordert werden,

dann wäre seine Tarnung mit Flucht nach Deutschland aufgeflogen und der laufende Haftbefehl mit Fahndungsausschreibung aus Bosnien mit Abschiebehaft vollstreckt worden.

Aber Boris hatte damals schon weit genug nach vorne gedacht, denn er wollte ja nie wieder in seine Heimat zurückkehren.

* * *

… Nun liebe Leser,

widmen wir uns weiter „Boris´kriminellen Coup", der Aufenthaltserschleichung durch Heirat zu. So ganz dumm auf den ersten Blick erscheint das parallele Vorgehen zu seinem endgültigen Aufenthaltsstatus nicht.
Zum einen als Schutzsuchender, Flüchtling und zum anderen der Heiratsmissbrauch.
Eines von beiden sollte nun klappen. Man kann auch sagen, Boris fährt zweigleisig, um seinen Willen durchzusetzen.

… Nun wurde der Kontakt zu der einen besonders interessierten deutschen Dame neu angefacht und es wurde ein Heiratsdeal bis ins Detail ausgehandelt, der für den strafrechtlichen Bereich auch über viele Jahre wasserdicht bleiben musste.

* * *

… Auf eine hohe Bargeldzahlung einigte man sich. Die Hälfte nach Aufgebotstellung und die andere Hälfte unmittelbar nach der standesamtlichen Trauung mit Empfang der Heiratsurkunde. Auch wurde der Zeitrahmen, für die spätere Scheidung nach dem amtlichen Bescheid der endgültigen Aufenthaltsgenehmigung für Boris festgelegt, der dann amtlicherseits nicht wieder umkehrbar oder für nichtig erklärt werden konnte.

* * *

… Irgendwie passte das **Paar** dem Augenschein nach zusammen, so dass dieses schon mal gute optische Voraussetzungen für den Heirats-Coup waren, was eben kein ungleiches Paar darstellte und so die ersten Zweifel damit ausgeräumt schienen. Nun standen wieder viele Behördengänge bevor. Nur war Boris diesmal nicht mehr so ganz allein.
Es war jemand an seiner Seite, eine Lenkerin die sich in unserem behördlichen System bestens auskannte, da sie schon mal verheiratet war.

Glück für Boris, Gemeinsamkeit macht eben stark. Allerdings war so ein krimineller Coup in diesem „Milieu" nicht so ganz ungefährlich, da er „**Mafia**" Strukturen glich.

Denn macht einer von beiden auf diesem jahrelangen Weg schlapp oder kommt es zu Zerwürfnissen
„**Ohne** den **Coup**"
bis zum Finale erfüllt zu haben, läuft Boris Gefahr, zurück nach Bosnien in den Knast zu wandern oder **Sie**, da sie den Coup für viel Geld nicht eingehalten hat, mit dem **Tod** bedroht wird.
Will sie sich nach kurzer Zeit wieder scheiden lassen, was durchaus möglich ist, dazu brauchte es nur eine Unterschrift bei einem Scheidungsanwalt.
Obwohl der Heirats-Coup ihrerseits nicht erfüllt wurde, interessiert das Scheidungsgericht nichts und muss auch tunlichst verschwiegen werden.
Dieses wäre ein einseitiger Dealbruch und für Boris ohne Aussicht auf seine Aufenthaltsgenehmigung für Deutschland.

Aber liebe Leser,

bei so etwas greifen noch andere Gesetze,
die mit unseren geschriebenen Gesetzen im
Rechtsstaat nichts zu tun haben. Das sind die
ungeschriebenen **Gesetze**, die dem kriminellen
Milieu zuzuordnen sind.
Denn für so einen Heirats-Coup mit solchen
Folgen, war die künftige Ehefrau unwissend
über die gefährlichen Charakteranlagen, die in
Boris schlummerten.
Für beide ein geschlossener **Pakt** mit dem
„**Teufel**"

Ende

Kapitel 3

Mein Leben zwischen Gewissen und
abgrundtiefer
Seelenfinsternis.

* * *

Nun war nach den vielen Vorbereitungen von
Formalitäten der Tag der standesamtlichen
Trauung gekommen.
Boris, gut und seriös gekleidet im schwarzen
Anzug mit Krawatte. Sie in einem grauen
klassischen Kostüm und weißer Schleife im
Haar. Ja, man kann sagen, beide hatten sich für
diesen Amtsakt gut abgesprochen und
vorbereitet, was das Äußere betraf und
machten als Traupaar einen
vertrauenswürdigen und echten Eindruck, was
kein auffällig gleiches Paar darstellte, mit
Verdacht einer dahinterstehenden Zweckheirat.
Wie schon gesagt, passte das Traupaar
irgendwie zusammen. Jeder Verdacht für
Missbrauch sollte ausgeschlossen sein. Und
doch schlich sich ein Missgeschick in der
Trauzeremonie ein.
Bei den Worten des Standesbeamten,
„Willst du, Boris, diese Frau heiraten",
dann antworte mit „ **Ja**",

„**Ja**" so seine Antwort. Der Standesbeamte
weiter, dann tauschen Sie jetzt Ihre Trauringe
aus.

* * *

… Ja, das war jetzt sein Problem geworden.
Der Trauring ließ sich nicht einmal halb auf
den Ringfinger seiner Angetrauten schieben.
Da half auch kein Drehen und Hin- und
Hergezerre, der Ring ging weder vor noch
zurück. Auch half seine Angetraute nach und
nochmals nach. Es half alles nichts, der
Ehering ging weder vor noch zurück.
Der Ringfinger war durch das Hin- und
Hergezerre angeschwollen.

… „Boris" mit hochrotem Kopf vor
Aufregung,
„sie" versank ins Bodenlose. Es wurde vorher
schlichtweg vergessen, eine Anprobe
vorzunehmen. Es ging so nach Augenmaß und
gut Glück, die Ringe werden wohl passen.
Vielleicht doch ein böses „**Omen**" für diesen
Tag. Der Ehering hatte seine feste Position und
ließ sich nicht bewegen. Ein allgemeines
Schmunzeln aller Anwesenden und doch mit
ernstem Blick des Standesbeamten.

Nur, was geht jetzt noch, nichts geht mehr. Die Trauzeremonie war zu Ende, die Trauung vollzogen und die Heiratsurkunde überreicht. Der Ring spielte dabei nur noch eine untergeordnete Rolle.

Allerdings sei dazu gesagt, die Trauringe waren eine billige Imitation, zwar schön goldig anzusehen, die Boris noch auf die Schnelle aus einem Kaugummiautomaten als Wundertütenbeilage gezogen hatte.

Es sollte eben nichts kosten, daran hatte Boris gespart. Ihm war ja schon alles teuer genug gekommen. Trauzeugen und das frisch vermählte Paar verließen das Standesamt, wobei sich die Angetraute immer noch mit dem Ring beschäftigte.

Nichts zu machen, der Ring blieb fest auf der Hälfte des Fingers sitzen.

… Zu Hause angekommen ließ sich das Problem mit viel Gleitmittel und Abschwellung des Fingers doch noch lösen. Eine große Kneifzange oder sonstiges Bordwerkzeug war dann doch nicht mehr nötig.

… Nun schlich sich in der hierfür
zweckgemieteten Wohnung als feste
Meldeadresse der Alltag ein. Sie waren zwar
verheiratet, aber eben nur auf dem Papier.
Und doch musste diese Scheinehe nach außen
als echt ausgetragen werden, was auf lange
Zeit durchaus sehr anstrengend mit
Unwohlsein, Ärger und großem Streit ausarten
konnte,
da alles nur zweckdienlich war und immer
wieder gemeinsame amtliche Erledigungen
anstanden.
Durchhalten, das war für beide die Parole.
Jeder zählte insgeheim die Tage und Monate
ihrer Ehe.
Beide fieberten ihrer Scheidung entgegen. Mit
diesen Gegebenheiten musste ein gemeinsames
Eheleben unter einer gemeinsamen
Meldeadresse gelebt werden.
Getrennte Wohnsitze hätten den Verdacht einer
Scheinehe aufkommen lassen. Also blieb nur
ein Durchhalten bis zum Schluss und so gut es
ging sich aus dem Weg zu gehen.

* * *

… Sie ging weiter ihrer Prostitution nach. Er
nach außen hin weiter als Baustellenhelfer,
wobei Boris sehr wohl weiter in der
Kriminalität agierte. Beide mehr oder weniger
mit guter Miene zum bösen Spiel. Boris hielt
über die Jahre ständig telefonischen Kontakt zu
seiner Mutter und Schwester in Bosnien und
erfuhr viel neue Veränderungen nach dem
Krieg in seiner Heimat. Nur eines konnte Boris
nicht und er verbiss sich in Unsicherheiten.
Hatte sein damaliger Haftbefehl mit Fahndung
noch Gültigkeit oder ist dieser in den
Kriegswirren und Neuordnungen außer Kraft
gesetzt oder durch Aktenverschüttung nicht
mehr auffindbar und existent. Diese
Unsicherheit ließ Boris nicht den Versuch
wagen, einen Besuch in seiner Heimat zu
machen.
… Was also bleibt. „Deutschland" und das für
den Rest des Lebens.

Auch teilte Boris den Eltern seine Heirat mit.
Viele Glückwünsche und Freude für seine
Zukunft, jedoch ahnten die Eltern nichts von
seinem Heiratsschwindel und der Scheinehe.
Eine alte und heilige Tradition in seiner
Kulturverbundenheit mit Aberglaube, besagt,
dass eine Heirat, mit den Worten
Bis das der Tod euch scheidet,
ein Schwur fürs Leben ist.
Das ist auch trotz aller kriminellen
Charaktereigenschaften für Boris eine tiefe
traditionelle Verbundenheit für Gewissen und
Moral.

Ja, liebe Leser,

da hatte Boris bei der standesamtlichen
Trauung insgeheim viele Bedenken das
„Ja-Wort" fürs Leben zu geben.
Denn seine kulturelle Einstellung zur Ehe war
mit seinem **Gewissen** verbunden. Er musste
und war gezwungen „Ja" zu sagen.
Aber es war eine Lüge. Nicht nur eine Lüge es
war mehr, es war eine Lebenslüge mit
lebenslanger Gültigkeit, die in seiner
kulturellen Verbundenheit bestraft werden
musste.

… Boris, du hast vor Gott einen Schwur
gebrochen.
Boris, du hast gelogen, eine göttliche
Bestrafung droht dir.

* * *

Mit dieser Gewissensplage nun,
schwankte Boris zwischen seiner abgrundtiefen
Charakterfinsternis und seinem höchsten
Gewissen hin und her.
Sein Gewissen quälte ihn, den Schwur vor Gott
gebrochen zu haben.
Der Lebenslüge mit dem Ja–Wort:

Denn er liebte seine Ehefrau ja nicht. Es ging ihm um die Vorteilsnahme seiner skrupellosen Absicht, der unumstößliche Aufenthalt in Deutschland.

Auch wenn Boris eine ernste „Eheabsicht" zur Trauung gehabt hätte, kalt und ohne Emotionen wie er von seinem Wesen war, wäre ihm auch das nicht möglich gewesen.

… mit dieser Gewissensplage fühlte sich Boris, so gut es ihm möglich war, tief in seine Gefühlswelt ein, dem Auf und Ab im Gut und Böse. Denn er stand immer in seiner Zerrissenheit zwischen diesen zwei mächtigen Energiepolen, Gut und Böse, Freund oder Feind. Dazwischen gab es für Boris „nichts".

* * *

Aus dieser prekären Situation heraus suchte Boris insgeheim psychiatrische Hilfe.

… doch was gab es da zu erzählen. Sollte er wirklich aus dem Nähkästchen plaudern und dem Psychiater die Wahrheiten auftischen. Seine Eheschließung für die Aufenthaltserlaubnis in Deutschland durch einen Heiratscoup für viel kriminelles Geld und schon durchgeplanter Scheidung.

Oder seinen Charakterschaden mit skrupelloser und krimineller Vergangenheit und darunter psychisch zu leiden, womöglich dafür noch Hilfe oder Psychopharmaka zu bekommen, die es wohl für so viel kriminelle Energie nicht geben wird. Ja, dieses war für die Psychiaterbesuche ein neues Problem für Boris.

… Lügen mussten her und dem Psychiater gut konstruiert aufgetischt werden, um überhaupt was erzählen zu können. Hilfe, die sich Boris für seine Gewissensqualen oder Charakteranlagen erhoffte, konnte ihm auch ein Psychiater nicht geben.
Und so blieb es bei einigen Besuchen im Lügengebilde mit Psychopharmakaverschreibungen von denen Boris aber keinen Gebrauch machte.
Er musste sehen, dass er allein mit seinem Gewissen in der heiligen Tradition und dem Schwur vor Gott zurechtkam.

* * *

… und so verging eine lange Zeit in diesem
„Ehe-Coup", der Zwangsgemeinschaft, bis sich
doch zum Erstaunen beider sexuelle
Anwandlungen einstellten.
Mit Boris seinem Denken darüber: Es kommt
doch gar nicht so darauf an, meine Angetraute
hat sowieso jeden Tag zur Genüge sexuellen
Verkehr, also was soll's, auf einen mehr oder
weniger kommt es dann bei ihr auch nicht
mehr an, wenn ich sie schon mal als Ehefrau
um mich habe?

… So oder ähnlich waren Boris' Absichten.

… doch nun, in diesem sexuellen
Verkehrsgeschehen prallten zwei Welten
aufeinander. „Sie", als sexuell erfahrene
Liebesdienerin und „Boris", mit stark
ausgeprägter sexuell sadistischer Perversion
(abartiger Veranlagung) von der sie aber nichts
ahnte und mit einem normalen sexuellen
Verkehr rein gar nichts zu tun hatte.

* * *

Sexueller Sadismus ist sehr gefährlich und kann durch psychisch- körperliche Gewaltqualen mit Bewusstlosigkeit bis zum „**Tod**" führen, was natürlich in den straffällig relevanten Bereich hineinfällt.

* * *

… und so passierte es, dass „Sie" durch Boris im sexuellen Sadismus in eine tiefe Bewusstlosigkeit fiel. Dieses löste bei „ihr" in diesem Ehecoup Angst, Panik und große Bedenken aus.
Denn Boris, gesteuert durch seine sadistischen Triebanlagen und unkontrollierbares Impulsverhalten, bestand nun irgendwie auf dieser Art ehelichen sexuellen Verkehr.
„Sie" verweigerte sich und es kam zu massiven Auseinandersetzungen mit Androhungen von Strafanzeige und Auszug aus der gemeinsamen Wohnung.

… Boris war eben unberechenbar und sehr gefährlich. Insgeheim aus dieser Panik heraus konsultierte sie einen Scheidungsanwalt zur Annullierung der Ehe aus den genannten Gründen (schwerer sexueller Sadismus mit Körperschädigungen).

In Unkenntnis über die abartigen Anlagen ihres
Ehemannes, wobei ihr Ehe-Coup tunlichst
verschwiegen wurde.
Boris ahnte vorerst von all dem nichts, da die
Ehe-Annullierung gut getarnt eingefädelt und
vorbereitet wurde.
Bis Boris im Eilverfahren Post vom
Scheidungsgericht bekam, mit der
Aufforderung zur Stellungnahme.

* * *

… nun liebe Leser,
können Sie sich vorstellen: Gericht,
Gerichtsbarkeit und Behörden, das waren für
Boris Alarmglocken.
Nun war der starke Boris wieder in eine innere
Revolution und Bedrängnis gekommen. Die
Abschiebung und der Knast in der alten
Heimat drohten aufs Neue. Aus großer Angst
vor Boris´ Vergeltung hielt sie sich an einem
geheimen Ort anonym auf und es wurde nur
über ihren Anwalt Kontakt gehalten.

… nun, so weit so gut oder auch nicht gut. Doch war es für Boris äußerst wichtig, auf diese gerichtliche Aufforderung zu reagieren und zu antworten. Untertauchen und von der Bildfläche zu verschwinden, konnte Boris nicht, da er immer noch im Fokus der Aufenthaltsbehörden stand. Denn das wäre eine Selbstvernichtung für ihn in Deutschland gewesen. Er musste in dieser Verkettung von Zwangsumständen hier existent bleiben.

Alles was jetzt noch blieb, war, irgendwie ein persönlicher Kontakt zu seiner Frau musste her. Was soll nur werden, wenn die Gerichte gegen ihn entscheiden und die Scheidung rechtskräftig wird.

Die werden mich einfangen, einsperren und abschieben, dann ist mein Problem wirklich groß.

Denn mit dem „Gesetz in der Hand" gewinnt meine Ehefrau immer, so Boris´ zerstreute Gedanken darüber.

Viele unruhige und schlaflose Nächte marterten ihn und in dieser Verstrickung seines chaotischen Denkens kam ihm eine „Idee". Ja, man kann sagen schon eher eine Erleuchtung für das Problem.

Viel kriminelles Geld hatte Boris noch.

… und was wäre, wenn er auf die alte Coup-Vereinbarung noch einen Stapel Geld darauf legen würde, um seine Frau ruhig zu stellen.
Vorsichtig wurde Kontakt über Anwälte aufgenommen.
Und tatsächlich gelang es Boris wieder, mit viel Geld seine Frau neugierig und gefügig für die Aufrechterhaltung der Ehe zu machen.
Man verabredete und traf sich in einem belebten Umfeld unter den strengen Blicken ihrer Anwälte. Und siehe da, es klappte.
Das Geld wurde im Nachhinein durch die Anwälte übergeben.
Seine Frau willigte ein, die Scheidungsanträge und Gerichte wurden mit der Einstellung des Verfahrens nicht mehr benötigt.
Geld kann eben ein hervorragender Diener, aber auch ein ebenso miserabler Herr sein.

… beide lebten weiter als Ehepaar, jedoch nur für die behördliche Regelung und in getrennten Wohnungen, ohne weitreichende private Kontakte.

… Na Boris,
das ist ja nach mal gut gegangen und die
Gefühlswallungen fingen an, sich wieder
abzukühlen.
Ja Boris, der Größte und Stärkste ist man nie.
Es gibt immer andere oder anderes, was stärker
und auch mächtiger ist und seien es die
geschriebenen Gesetze, die uns alle betreffen
und nicht ein pathologisch „kranker,
machtbesessener „Boris", der meint, sich über
alles und das Gesetz stellen zu können.
Doch dieses Bewusstsein hielt bei ihm nur kurz
an.
Denn schnell fiel er wieder in seine alten
Charakterfallen zurück.
Seine kriminellen Affektimpulse diktierten
ihm, was und wie er sein und was er tun
musste, um kriminell zu bleiben.

… zur damaligen Zeit musste so ein Heirats-
Coup im Aufenthaltsverfahren fünf Jahre
Bestand haben, damit Boris nach der
Scheidung seine endgültige
Aufenthaltsgenehmigung, sprich
Aufenthaltsstatus für Deutschland, erhalten
konnte, von dem nun gut drei Jahre
durchgestanden waren und die verbleibende
Zeit,
egal wie auch immer durchlebt werden musste.

Jeder zählte die Tage, Monate und Jahre, um wieder frei zu werden. Nun, Boris hatte zum zweiten Mal bezahlt und ihm war jetzt auch sehr klar geworden,

… wenn du deinen Aufenthalt erfüllt haben willst, dann verhalte dich nach außen ruhig und gesetzestreu, so schwer es dir auch fallen mag. Denn seine „**Noch**"-Ehefrau, mit dem Gesetz in der Hand, könnte ihm wieder ein Problem aufbauen.

* * *

… und so vergingen die letzten Jahre im Heiratscoup, bis das Finale im Zeitfenster von fünf Jahren erreicht war. „Boris", aber auch „Sie", fieberten ihrer Ehescheidung entgegen. Scheidungsanwälte wurden beauftragt für die formalen Abläufe einer einvernehmlichen Ehescheidung ohne gegenseitige Ansprüche geltend zu machen. Denn das war ja schon alles vor der Heirat abgegolten und mit viel zusätzlichem Geld für eine Ruhigstellung im Zwischenstopp doppelt bezahlt.

… nun stand der gerichtliche Termin zur
Ehescheidung fest. Boris und seine Ehefrau
erschienen mit nur ihrem Anwalt im Gericht.
Und warteten auf den Aufruf zum Einlass in
den Verhandlungsraum.
Aus Kostengründen war nur ein
Scheidungsanwalt zugegen und das war
ausreichend, da ja keine strittigen und
gegenseitigen Ansprüche aus den Ehejahren
gestellt wurden und auf Zugewinnausgleich
kein Anspruch bestand.
Der Scheidungsspruch des Richters: …

„Die Ehe ist geschieden"

die Verhandlung ist geschlossen.

* * *

… ja, das war für , „Boris" ein Wort zum
Sonntag mit einer merklichen Euphorie. Aber
auch für „Sie". Er hatte erreicht, was er wollte.
Die Voraussetzungen für den formalen
behördlichen Akt zu seiner endgültigen und
unwiderruflichen Aufenthaltserlaubnis für
Deutschland waren erfüllt. Man gab sich ein
letztes Mal die Hand zum Abschied auf
Nimmerwiedersehen und jeder ging von nun an
getrennte Wege, so als hätten sie sich nie
gekannt.
Es war eben nur ein großes Geschäft, ein
großer „**Coup**", ohne jedes Gefühl und nichts
sollte an diese Zeit erinnern außer die
Scheidungsurkunde. Doch standen für Boris
noch einige Behördenerledigungen zu seinem
unbefristeten Aufenthalt an, die er aber durch
einen beauftragten Rechtsanwalt erledigen ließ
und ihn weniger beanspruchte und stresste, bis
auf ein paar Unterschriften für formale
Amtsregelungen.

* * *

Ein amtlicher Beschluss mit der endgültigen
unbefristeten Aufenthaltserlaubnis wurde Boris
durch seinen Anwalt ausgehändigt, mit der
Auflage, den Antrag für einen deutschen
Personalausweis zu stellen.

… nun, das war eine Nachricht die Boris in
Feierlaune fallen ließ. Alte Kumpels aus
seinem kriminellen Milieu für Saufgelage und
hoch die Tassen wurde angesteuert. Dann noch
ein letzter Gang, seinen Personalausweis
abzuholen und Boris war Deutscher mit
Migrationshintergrund geworden.

* * *

… Ja, liebe Leser, man soll es gar nicht so
recht glauben. Ausdauer, Skrupellosigkeit,
Gewissenslosigkeit und viel kriminelle Energie
können so manches bewirken, was unter
normalen Umständen nie möglich gewesen
wäre.

* * *

… aber sehr schnell verfällt Boris nach all
diesem langwierigen Behördenkrieg in seine
alten **Charakteranlagen**, ja man kann sagen,
in seine alten Charakterfallen, in die
Kriminalität. Impulsgesteuert, wie er war,
wurden große kriminelle **Coups** geplant und
ausgeführt.

Das war sein Leben.

Er war und wollte „**Gangster**" bleiben.

Ende

Eine analytische Zusammenfassung

Dieser Gewissensplage

* * *

Vielleicht doch ein böses „Omen" oder doch
nur ein Missgeschick bei der standesamtlichen
Trauzeremonie. Der Ehering aus der
Wundertüte will nicht auf den Finger seiner
Angetrauten. Ein tiefer Aberglaube, der bei
Boris in seiner Kulturverbundenheit religiös
sehr ernstzunehmen und mit etwas Teuflischem
besetzt ist.

* * *

… Boris war sich sehr wohl klar über seine
Lebenslüge, „einen **Schwur vor Gott**"
geleistet und ein Ehegelübde gebrochen zu
haben, „**Bis dass der Tod euch scheidet",** das
er nicht einhalten kann und von einem höheren
Gericht bestraft werden muss.

* * *

… Mit dieser Gewissensplage schwankt Boris
nun in seiner Charakterfinsternis hin und her,
was auf Dauer ein inneres Martyrium war.

* * *

Ein Psychiater musste her. Nur, was wollte
Boris ihm erzählen. Vielleicht Pillen und
Medikamente gegen eine göttliche Bestrafung
oder seine kriminellen Charakteranlagen zu
bekommen.

* * *

… Seine sadistischen Triebanlagen waren Teil
seines **Naturells**. Und wenn er schon eine
Ehefrau mit viel sexueller
Dienstleistungserfahrung hatte, denn man war
ja schließlich verheiratet und auf einen mehr
oder weniger kommt es dann auch nicht mehr
an.

* * *

… Die drohende Scheidung:
Eine Ehe – Annullierung. Der
Scheidungsgrund: Unwissenheit über den
schweren sexuellen **Sadismus** des Ehemannes.

… Mit dem Gesetz in der Hand bleibt die Ehefrau Gewinnerin. Diese Erfahrung musste der starke und machtbesessene Boris machen. Also was blieb: Erst mal klein beigeben oder zurück in den heimatlichen Knast.

* * *

… In diesem zwanghaften und unerträglichen Zustand wurden nun die Tage Monate und Jahre bis zur Scheidung gezählt. Jeder wollte raus aus diesem Zustand.

* * *

… Die Scheidung wurde ausgesprochen. Der Heirats-**Coup** war beendet und beidseitig erfüllt. Es drohten keine Repressalien mehr durch die ungeschriebenen Gesetze.

* * *

… Gangster zu sein, mit diesen Charakteranlagen, das war Boris´ Leben.

… „**Sie**",
Nymphomanin und Prostituierte mit eben so
vielen Schattenseiten erfüllt ihre Dienste ohne
Skrupel.
Für beide ein kranker Mix von
Charakteranlagen und das ist für eine halbwegs
normale Ehe beziehungsuntauglich.
Und wenn überhaupt, dann nur für so einen
kriminellen Heirats-Coup, der aber auch sehr
unberechenbar sein kann.

… „**Boris**" als Gangster.

… „**Sie**" mit ebenso vielen Schattenseiten.

Ende

Kapitel 4

Agalmato – Philie.

Der irreale **Mord**.
Eine Lebenspartnerin, die da ist,
es sie aber **nicht** gibt.

* * *

Nun liebe Leser,

wie schon gesagt, Boris,
nachdem er seinen deutschen Personalausweis
in den Händen hielt, verfiel wieder sehr schnell
in die kriminelle Laufbahn.
Ausweisen wegen Straftaten konnte man ihn
nicht mehr. Auch wurde das
Aufenthaltsverfahren als schutzsuchender
Flüchtling eingestellt und nicht weiter
betrieben. Boris hatte ja seinen
Aufenthaltsstatus durch Heirat erschlichen und
war Deutscher mit Migrationshintergrund
geworden.
Allerdings hier ins Gefängnis konnte man ihn
schon stecken, wenn er sich in seinen
kriminellen Planungen verschätzte und man
ihm auf die Schliche kam.

* * *

… Und so geschah es auch:
Mit einem Kumpel aus alter Zeit mit ähnlich
kriminellen Neigungen, der mit Boris über
Jahre noch guten Kontakt hatte, wurden
gemeinsame Planungen für Überfälle auf Geld-
und Werttransporte geschmiedet.
Wie der Zufall es manchmal so will, kam den
beiden eines für ihre Planungen zugute.
Der Kumpel war längere Zeit bei einer Geld-
und Werttransportfirma beschäftigt die
Kaufhäuser und Tankstellen im Auftrag
beabeiteten,
bis er wegen seiner Unzuverlässigkeit rausflog.
Aber er hatte noch sehr gut in Erinnerung, wie
seine frühere Firma arbeitete und wo die
Schwachstellen für Raubüberfälle auf die
umgebauten Kleintransporter waren.
Mit diesem „**Insiderwissen**" fixierten sich nun
beide auf so einen Transporterüberfall.
Gut getarnt und immer im Blick wurden die
Fahrtrouten ausgekundschaftet,
die jedoch unterschiedlich und nie gleich
waren, in einem Zeitintervall der täglich und
auch stündlich geändert abgefahren wurde.
Nur irgendwo hatte der Geldtransporter immer
seine Anfahrtsziele mit Haltestops für
Geld- und Wertladung.

Mit diesem „**Insiderwissen**"
hatten sie doch recht schnell Fahrtrouten mit
Zeitplänen und Schwachstellen für einen
Raubüberfall, mit kalkulierbarem Risiko,
erkundet.
Penibel wurden Aufzeichnungen zu Papier
gebracht, mehrmals überarbeitet und
auswendig gelernt, um jeder Eventualität eines
misslungenen „Überfalls" vorzubeugen.

* * *

Ein genauer Zeitplan aus den Beobachtungen
wurde erstellt, mit Hauptverkehrszeiten,
schwach fließendem Verkehr, Fußgänger- und
Wetterlage mussten berücksichtigt werden.
An die nötige Verkleidung für
Gesichtserkennung mit schwarzer
Gesichtsmütze und ganz wichtig zwei
Schusswaffen musste gedacht werden.
Ein gestohlenes Fluchtfahrzeug mit falschem
amtlichen Kennzeichen musste her und was
noch ganz wichtig war, keine Fingerabdrücke
oder versehentlich „**DANN**"-Spuren beim
Überfall zu hinterlassen, da beide schon
polizeierkennungsdienstlich bekannt waren.
Also was entspringt da den beiden aus ihren
kriminellen Energien und Phantasien.
Immer wieder spielten sie das Raubszenario,
„das Planspiel", gedanklich und in ihrer
Vorstellung durch.

Ja, es war schon wichtig gut vorbereitet zu sein und alles wie in einem Bühnenstück durchzuspielen. Misslingt der Raubcoup und sie werden geschnappt oder eine Spur führt aus Unvorsichtigkeit dann zu ihnen, dann ist ihre Freiheit in Gefahr und für lange Zeit der Knast ihr Zuhause.

… Nun, die Zeit Schritt schnell voran und der Tag des Raub-Coups rückte näher.
Und doch war der Kumpel mit starker innerer Aufgewühltheit sehr nervös und unkonzentriert,
wohl doch durch seine Angst und Nervenanspannung aus dem vegetativen Nervensystem, was ihm zu schaffen machte.
Ein Coup in dieser Größenordnung war ihm doch eine Nummer zu groß und nicht seine Kragenweite.
In kleineren Delikten war er routinierter, aber so ein großes Ding ging im doch an die Nerven. Boris hingegen mit seinen kalten Charaktereigenschaften schien das alles nichts auszumachen. Im Gegenteil, hoch motiviert leierte er seine Planung rauf und runter.
Wobei er doch etwas bedenklich war, ob sein Kumpel beim Überfall alles richtig und nach Plan machen würde.
Der Kumpel war eben kein zweiter Boris und wohl doch etwas emotionaler und menschlicher ausgestattet.

* * *

… Der Überfallplan wies nach allen
Auskundschaftungen die Schwachstelle einer
Großtankstelle auf als eine der letzten
Anfahrtstellen um die späte Abendzeit für
einen Ladestopp mit viel Geld.

* * *

… liebe Leser,

nach Schilderung von Boris hat sich alles so
abgespielt:
Beide warteten nun im Außenbereich der
Tankstelle am Toilettenhaus auf das Eintreffen
des Geldtransporters.
Eine taschengroße Metallkassette wurde vom
Beifahrer im Kassenhaus der Tankstelle in
Empfang genommen und in einem kurzen
Gehweg zum wartenden Ladetransporter
verstaut.
Der Fahrer wartete im Transporter hinterm
Lenkrad bei laufendem Motor.

* * *

… Nun die Überfallaktion:
Der Kumpel mit Gesichtstarnung,
Handschuhen und vorgehaltenem Revolver
drängte den Beifahrer bei noch geöffneter Tür
in den Laderaum hinein, mit Gewaltdrohungen
zur Übergabe von Schusswaffe, Funkgerät und
Telefon, wobei Sekunden später die Fluchtfahrt
von Boris wartete.
In diesen zeitgleichen Sekunden stürmte Boris,
auch gut getarnt mit vorgehaltenem Revolver
in das Fahrerhaus.
Der Fahrer war nicht bewaffnet, das wusste
Boris noch aus dem Insiderwissen.
Nur das Funkgerät und Telefon des Fahrers
wechselten den Besitzer.

* * *

… **Die Fluchtfahrt:**
Boris als Beifahrer im Befehlston wies die
Fluchtroute mit vorgehaltenem Revolver an.
Nichts von alldem wurde von dem
Tankstellenpersonal beobachtet und
Tankkunden waren um diese Uhrzeit nicht
zugegen. Die Kassiererin war mit
Warennachschub beschäftigt.

Die Fluchtfahrt ging im Dunkeln weiter in
einen ländlich ablegenden Bereich,
wo ein abgestellter Fluchtkombi mit
gestohlenen Kennzeichen parkte. Weit vorher
wurden die zwangsgefangenen Fahrer und
Beifahrer ausgesetzt.
Weit und breit keine Straßenlaterne, keine
Telefonzelle, kein Haus, rein nichts, woraus
sich Hilfe oder Alarm erhoffen ließ.

… Der Fluchtkombi war erreicht und beide
begannen hastig mit den Umlagerungen von
Geld und Wertkassetten. Der Geldtransporter
wurde ausgeraubt sich selbst überlassen.

* * *

In der Dunkelheit verschwindet der
Fluchtkombi gut gepackt mit der Beute in eine
nahe gelegene stillgelegte **Scheune**, wo ein
zweites Mal die heiße Ware in ein legal
angemeldetes Auto umgeladen wurde.

* * *

… Der **Raub-Coup** war geschafft.

* * *

… Und doch war da eine Schwachstelle im gut
geplanten Überfall.
Denn einer von beiden, der Kumpel, hatte
seine „DANN"-Spuren hinterlassen und schon
hatte man sie am Haken.
Was folgte, war Verurteilung für jeden mit
sieben Jahren Knast für gemeinschaftlich
geplanten schweren Raub mit
Freiheitsberaubung.
Es war eben doch kein lohnender „**Coup**".

* * *

… Nun waren beide erst einmal für lange Zeit
aus dem Verkehr gezogen.
Boris´ Gewaltverhalten allerdings machte sich
auch hinter den Gefängnismauern bemerkbar.
Durch seine innere Aufgewühltheit von nun an
sich unterwerfen zu müssen und Regeln zu
befolgen, war ein ständiger Kampf mit sich
selbst.
Boris kannte keine Regeln und schon längst
keine Unterwerfung.

Und so kam es immer wieder zu schweren
Gewaltexzessen mit Häftlingen,
Gefängnispersonal und vor allem weiblichem
Wachpersonal, was natürlich Sanktionen wie
Einzelhaft, zusätzliche Bestrafung und
letztendlich zu einer Verlängerung seiner
regulären Haftzeit führte.
Jegliche Aussicht auf eine vorzeitige
Entlassung bei guter Führung **hatte er somit
schon sehr früh verspielt.**
**Doch endete auch irgendwann seine Strafe.
Dann musste man ihn wieder auf die
Gesellschaft loslassen mit vorausmahnenden
Worten der Gefängnisaufsicht:**

**… Es wird nicht allzu lange dauern,
„Boris", wir sehen uns sicherlich schon sehr
bald und dann noch** länger **wieder.
Eine Prognose, die Boris ohne Regung
hinnahm. Wie auch, gewissenlos wie er war.
Das überdimensional große Gefängnistor
knallte hinter ihm ins Schloss.
Türknallen und Schlösser kannte Boris aus
seiner Knastkarriere nur zu gut, was ihn mit
einem Schulterzucken kalt ließ.**

Er war in Freiheit und konnte erst mal tief Luft holen. Boris hatte in seinem Wesen die außergewöhnliche Charaktereigenschaft. „Dinge", die ihn belasteten, so auch der lange und harte Gefängnisaufenthalt, ins Unbewusste zu verdrängen, zu versenken als wäre das alles nie geschehen und würde ihn nicht betreffen. In der Psychologie auch genannt als Derealität oder Depersonalität in einer „Dissoziation" und das bedeutet, die Abspaltung vom Bewussten, von seinen Erlebnissen, Erinnerungen und Gefühlen. Doch bei genauerem Hinsehen verraten seine leblosen Gesichtszüge die innere negative Charaktereinstellung.

Diese Gesichtszeichnung, man kann sagen Lesen im Gesicht wie auf einer Landkarte, wird in der Psychologie Antlitz-Diagnostik benannt, denn das „Alphabet" der Gesichtsmimik ist eine einzigartige Sprache.

* * *

Sein Entlassungsgeld aus dem Knast reichte nur für die nächste kurze Zeit. Nur, wie geht es jetzt weiter. Sein altes Polster von kriminellem Geld war aufgebraucht.

Wovon also leben oder besser gesagt, wovon Überleben und was hatte Boris gelernt, was konnte er arbeiten. Über diese befremdlichen Fragen fing er an, nachzudenken. Ihm hatte es immer gereicht, den nächsten Tag zu überbrücken. So kreisten seine Gedanken um sein Überleben hier in Deutschland. Boris, mittlerweile in einem Alter um die 35 Jahre, konnte alles in allem auf eine recht stolze kriminelle Karriere zurückblicken.

Das Sozialamt hatte er nach seiner Flucht aus Bosnien schon einmal in Anspruch genommen.

Also, um erst mal Ruhe zu haben, der Gang dahin.

Zeit und Ruhe zum Nachdenken mussten für Boris her, sich zu sammeln, sich neu aufzustellen, besser gesagt, sich neu zu formieren für kriminelle Pläne, da eine legale Arbeit mit seinen Charakteranlagen nicht in Frage kam.

Ein geborener „Gangster" kann eben nur wie ein Gangster in Verbrechen denken.

… Und so wurden alte kriminelle Kontakte in diesem Sumpf wieder aufgefrischt.

Es folgten viele schwere, lukrative und unentdeckte Verbrechen zur Geldbeschaffung, die ich aber hier nicht weiter ausführen will.

Agalmato – Philie
Der Mord.

* * *

Von seinem neuen kriminellen Geld hatte Boris
sich einen neuen Wohnsitz angemietet.
Ein kleines Häuschen mit Terrasse und Garten,
was er ansehnlich gestaltete und was ihm
wichtig
War, mit wenig Nachbarschaft.
Ein Stück Natur, das ihm aus seiner Kinderzeit
noch allzu gut in Erinnerung war und von
vorbeigehenden Nachbarn aufmerksam beäugt
wurde. Doch keiner dieser Nachbarn ahnte
auch nur annähernd etwas von seiner dunklen
und gefährlichen Seite.
Boris war für seine Nachbarschaft nur ein
sonderbarer Eigenbrötler, mit guten Tag, guten
Weg und weiter nichts. Und so ging der eine
oder andere ihm gerne aus dem Weg.
Das äußere Erscheinungsbild, das Boris mit
seiner kalten und leblosen Gesichtsmimik
abgab, brachte so manch einer in Verbindung
mit negativen Charaktereigenschaften als nicht
gerade harmlos, sympathisch oder gar
einladend.

Nun lebte Boris schon einige Zeit allein in diesem Haus, mit schönem gepflegtem Garten und dachte so manches Mal an seinen „Ehe-Coup" zurück, mit dem großen Wunsch nach einer Partnerin fürs Leben. So sollte es sein, eine, die immer für ihn da ist, vor allem immer dann, wenn ihn seine sadistische Triebhaftigkeit überkam. Doch wohl wissend, dass ihm nicht verborgen geblieben war, dass etwas Unheimliches in ihm brodelte.

Das spürte er nur viel zu gut und war ihm in seinem chaotischen Denken schon klar und einschätzbar. Doch will Boris es nicht noch einmal darauf anlegen, aus Erfahrung, die er mit seinem Sadismus im Ehecoup gemacht hatte.

Er wollte nichts ins Visier der Strafverfolgung geraten.

… Nur was machen?

Der Wunsch nach einer Partnerin war geboren, wobei seine sadistische Triebhaftigkeit in ein unkontrolliertes Maß gerückt war und keineswegs mit einem normalen Partnerschaftsverhältnis zu vergleichen war. Aber Boris wollte nicht länger allein bleiben.

Sein Begehren und der starke Wunsch zum
Ausleben seiner sadistischen Triebe ließen ihm
keine Ruhe mehr. So stachelte Boris in seinen
Knasterinnerungen herum.

… Und siehe da,
in seinem Kopf geisterte noch ein alter Kontakt
zu einem Mithäftling aus dieser Zeit herum.
Eine kleine Werbebroschüre, die ihm damals
durch den Mithäftling in die Hände gefallen
war und irgendwo noch in seinen Strafakten im
Keller des Hauses liegen musste.
Es war ihm so wichtig, dass er noch in der
gleichen Nacht anfing, diese Werbebroschüre
zu suchen. Eilig wurde alles durchstöbert.
Kartons und ungeordnete Akten wurden
freigeräumt und penibel sortiert.

… Und tatsächlich. Nach langem Kramen in
den Kisten fand Boris was er so eilig suchte.
„Da bist du ja",
waren seine aufgeregten Worte und doch mit
einem euphorischen Gefühl, das den sonst so
kalten Boris durchströmte.
Auf der Seite zwei der Farbbroschüre, gut und
ansehnlich im Hochglanzdruck abgebildet wie
in einem Modekatalog, war „**Sie**" wieder da
und ganz nah bei ihm.

„**Lisa**" hieß sie, eine attraktive
Frauenabbildung in der Broschüre mit der
Nummer fünf, in die er sich schon in seiner
Knastzeit verliebt hatte, zusammen mit einigen
anderen Abbildungen, die für Boris aber nicht
ansprechend und kein Objekt der Begierde
waren.
„**Lisa, meine Lisa**",
du bist mir ganz in Vergessenheit geraten.
Gut, dass ich mich an dich noch erinnert habe.
Aber jetzt bist du ja bei mir, und er küsste das
Bild immer wieder.

* * *

… „**Lisa**"

Liebe Leser,

ist eine menschenähnliche Frauengestalt in
Lebensgröße und Gewicht, sehr anatomisch
echt aussehend mit täuschend echter
Anfühlsamkeit und Anschmiegsamkeit.
In der Beschaffenheit ähnlich einer modisch
gekleideten Schaufensterpuppe, nur
lebensechter mit sexuellem Reizausdruck, aus
Materialien im leichten Aluminiumskelett und
anderen körperlichen Ersatzstoffen.
So auch die Körperbehaarung und im
Stimmausdruck mit Lauten.
Alles ist sehr lebensecht geschmeidig ein- und
anmodelliert.

Einfacher ausgedrückt, eine große modische „Puppe", schick gekleidet in Reizwäsche auf mehreren Seiten einer Hochglanz-Broschüre in verschiedenen Posen abgebildet.

* * *

…"**Lisa"**

liebe Leser,

ist für viel Geld käuflich und bestellbar über einen asiatischen Herstellervertrieb zu einem Preis von mehr als 10.000 € mit dem Werbeslogan.

… Eine treue Frau und Partnerin fürs **Leben.**

* * *

Dieses Phänomen wird in der Wissenschaft **Agalmato – Philie** benannt.

* * *

Boris hielt seine Lisa lange in den Händen. Sie ging ihm von nun an nicht mehr aus dem Kopf.
Was kann ich damit alles anstellen, so seine sadistischen Phantasien und Vorstellungen.

Eine Lebenspartnerin, eine Frau ohne jeglichen Widerspruch, ohne eigenen Willen, die alles das machen wird, was „**Ich**" will und wo es das Wort
„**Nein**" nie geben wird.
Ein Weglaufen eine Loslösung oder eine Strafverfolgung wie in seiner Ehe wird es nicht geben, egal, was ich mit ihr anstelle, so Boris´ irreales und pathologisch krankes Denken. Das nun beschäftigte Boris durch und durch.
Die Gedanken darüber fesselten ihn förmlich und der Sprung zu Wahngedanken war nicht mehr weit.
Ein Kontakt zur Bestellung mit Lieferung seiner Lebenspartnerin zu ihm nach Hause wurde eingeleitet.
Für Boris dennoch lebensecht, attraktiv und sehr erotisch.
Die Zeit bis zum Eintreffen seiner „Lisa" war für Boris sehr beunruhigend und aufregend.
Seine Phantasien gingen in alle möglichen Richtungen für ein Zusammenleben mit ihr.

„Boris und **Lisa".**

Wie gestalte ich nun unser gemeinsames Leben. Es sollte ja auch einem lebensechten harmonischen Zusammenleben gleichen.
Um alle möglichen Dinge musste sich Boris bis zum Eintreffen seiner **Lisa** nun bemühen.

Sei es Bad und Waschzubehör. Creme,
Lippenstift, Make-up, Parfüm, Seife, Kleidung,
Unterwäsche, erotische Reizwäsche,
fetischistisches Zubehör für sadistische
Handlungen, Schlafkleidung, aber auch
Schmuck wie Ringe, Halsketten und vieles
mehr.
Alles eben, was für ein reales Zusammenleben
eine echte Lebenspartnerin beansprucht und
gebraucht wurde. Nichts sollte vergessen, oder
gar dem Zufall überlassen werden.

* * *

So machte sich Boris auf den Weg, alles zu
organisieren und einzukaufen, mit so manchem
sonderbaren und verdutzten Gesicht von
Verkäuferinnen in Erotik- und Sex-Shops, das
sich Boris für seine ausgefallenen
Sonderwünsche gefallen lassen musste.
Alles wurde sehr geordnet in
„Lisas" Kleiderschrank griffbereit verstaut und
aufgehängt.
„Lisa" sollte ihrem Boris ja auch gefallen.
Er gestaltete seine Wohnung und ganz
besonders das Schlafzimmer in einen Zwei-
Personenhaushalt um.
Wo „Lisa" immer ihren festen Platz einnehmen
sollte.

So im Schlafzimmer rechts neben ihm liegend,
in der Küche am Küchentisch neben dem
Fenster ihm gegenüber sitzend, und bei
schönem Wetter auf der kleinen Terrasse am
Springbrunnen neben ihm am Kaffeetisch
händchenhaltend und mit vielen Gesprächen
bis in die Abendstunden hinein.
Eben immer alles auf die gleiche Art und
Weise, so Boris in seinen phantastischen
Vorbereitungen.

* * *

Nun war der Tag von „Lisas" Eintreffen da.
Gut gekleidet im Anzug, Krawatte und
blankgeputzten Schuhen hatte sich Boris für
das erste Treffen mit seiner **Liebsten**
herausgeputzt.
Dann, von der großen Verpackung befreit,
stand seine Auserwählte vor ihm,
„seine **Lisa**".
Für Boris lebensecht, genau wie er sie schon
lange vorher aus seiner Knastzeit in Erinnerung
hatte.
Erstaunlich war und was Boris nicht wusste,
"Lisa" hatte auch ein lebensechtes
Körpergewicht und es war ab und an schon
etwas kraftaufwändig, sie durchs Haus zu
chauffieren. Also nicht zu verwechseln mit den
bekannten luftgefüllten, aufblasbaren Puppen.

* * *

Boris fing nun an, mit „Lisa" zu sprechen und
er führte feste Gesprächsrituale mit ihr ein.
Mit liebevollen Worten wie:
Schön, Liebste, dass du jetzt hier bei mir bist.
Ich kenne dich schon viele Jahre und habe
lange auf dich gewartet.
Doch ich wusste, dass du eines Tages zu mir
kommst. Wir gehören von nun an immer
zusammen, jeden Tag und jede Nacht. Komm
nimm Platz. Ich habe den Kaffeetisch für uns
gedeckt und viele andere Liebkosungen, die
sich Boris so ausdachte, sollten Lisa den Tag
verschönern.

* * *

Nun saß „Lisa" mit ihren großen blauen Augen
bei Kerzenlicht ihrem Boris gegenüber und zur
Begrüßung füllte er zwei Gläser mit Sekt ein,
prostete ihr mit einem Anstoß- ping, zu mit den
Worten:

… „Ich liebe dich", auf unsere Zukunft und
dass es immer so bleibt wie heute, was den
sonst so eiskalten Boris doch mit einem
Lächeln überkam. Vielleicht doch eine etwas
menschliche Regung von ihm?

Boris schob ihr eine kleine Schatulle zu mit den liebevollen Worten.

Schau mal „Lisa", ein Geschenk für dich, eine Perlenkette und ein Ring.

Boris zog seinen Stuhl beiseite, ging mit einigen Schritten auf sie zu, öffnete ihr die Bluse und legte ihr behutsam die weiße Perlenkette um den Hals.

Der goldene Ring, den er ihr auf den Finger streifte symbolisierte den Ehering, den sie von nun an tragen wird.

Nun sind wir ein Ehepaar, so die Worte von Boris.

Dieses Mal hatte sich Boris nicht vertan, wie in seinem Ehe-Coup, der Ring passte auf „Lisas" Finger.

Nur konnte Lisa darauf nichts sagen.

Weder Freude noch Traurigkeit konnte sie ausdrücken.

Ihr Gesicht blieb immer gleich und doch ihm freundlich lächelnd zugewandt.

„Lisa" wird alles akzeptieren und hinnehmen, wie es ist und Boris in allem zu Willen sein.

Könnte sie sprechen, dann würde wohl doch vieles anders sein.

Aber das wird niemals passieren. Lisa wird weiter ihren Boris anlächeln.

* * *

In der Folgezeit verschonte Boris seine
„Lisa" noch mit der Sexbesessenheit und legte
sie zur Schlafenszeit behutsam in ihr Bett, zog
ihr das Nachthemd an und war Boris
zugewandt.
Er erzählte ihr immer vieles aus seiner
Kinderzeit, der alten Heimat und Flucht nach
Deutschland.
Eben alles was ihm gerade so im Kopf
herumging und noch gut in Erinnerung war.
Nur seinen Heiratsschwindel und seine
kriminellen Machenschaften, das verschwieg
er ihr.
„Lisa" sollte eben keinen schlechten Eindruck
von ihm haben.

… So war Boris jetzt in einer festen
Lebenspartnerschaft, ja besser noch, er fühlte
sich verheiratet mit „Lisa" und folgte seinen
sadistischen Triebanlagen mit sexueller Gewalt
an „Lisa".
Wie jedes Mal zog Boris ihr die fetischistische
Reizwäsche an, was sich dann bis zum
höchsten Grad in eine unkontrollierbare
Sextrance mit Gewalt und Machtbesessenheit
steigerte und jegliche Vorstellungskraft für
menschliches Verhalten sprengte, die hier im
Vorgehen nicht weiter beschrieben werden
kann.

* * *

An jenem Morgen, der Wecker klingelte und es
wurde Zeit aufzustehen. Boris, nach seinem
erschöpften Tiefschlaf, weckte „Lisa" wie an
jedem Morgen, mit einem zarten Weckkuss und
den Worten:

… Heute, Liebste,
ist sehr schönes Wetter, wir frühstücken
gemütlich auf der Terrasse.
Ich koch schon mal den Kaffee und mache das
Frühstück fertig bis gleich, Liebste.

Etwas später, der Kaffee und das Frühstück
waren vorbereitet, wurde es Zeit „Lis" an den
Frühstückstisch zu holen.
Wie jedes Mal trug er sie behutsam aus dem
Bett zu ihrem Platz am Terrassentisch.
Aber etwas war heute Morgen an „Lisa" anders
als sonst, was er beim Tragen aus ihrem Bett
noch nicht bemerkt hatte.
Am Frühstückstisch hing ihr Kopf nach unten
auf ihre Brust und war nicht wieder
aufzurichten.
Boris versuchte immer wieder ihren Kopf in
eine aufrechte Haltung zu bringen.
Nichts half. „Lisas" Kopf, egal nach welcher
Seite Boris es auch versuchte, hing tief auf
ihrer Brust oder zur Seite auf den Schultern
herunter. Ein Aufrichten war nicht mehr
möglich, Boris hatte sie „**getötet**".

* * *

Der Schreck saß tief bei Boris.
Er liebte doch seine „Lisa" und nun saß sie ihm
mit einem gesenkten Kopf gegenüber, ohne ihr
immer gleichbleibend freundliches Lächeln
beim Frühstück, das er doch so sehr mochte.
Ihr Kopf blieb nach allen Seiten gesenkt.

Was war passiert:
Boris hatte seine „Lisa" im sexuell sadistischen
Trancezustand gemartert und irreal ermordet.
Auch in der Realität wäre das ein sadistischer
„**Mord**" mit Höchstbestrafung gewesen.
Damit war ein Zusammenleben mit
„Lisa" nicht mehr möglich. Seine „Lisa" war
ermordet und
„tot".
Boris hatte seine Schuld daran begriffen und
die Trauer war groß.
Er hatte sich doch in seiner Knastzeit schon
unsterblich in sie verliebt und in der
Kennenlernzeit war sie die Liebe seines Lebens
geworden

* * *

… Und was mache ich jetzt mit ihr?
Seine Trauer war groß, er weinte, streichelte
ihr immer wieder über die Hände, über ihr
Haar und sprach lange, wie leid es ihm tut, was
er da angerichtet hat.
Es war viel mehr als Liebeskummer.
Ja, es war so, als hätte er sein Leben verloren.

… Was mache ich mit „Lisa"? Einfach in einem Müllsack loswerden?
„Nein, Nein",
Das war für Boris unmöglich. Es sollte ein kleines, unscheinbares Begräbnis für seine „Lisa" im Garten werden, nahe am Springbrunnen, an dem sie immer so gerne saß.

* * *

Und so vergingen einige Tage, bis sich Boris zu diesem Vorgehen entschlossen hatte und wegen seiner Nachbarschaft unauffällig tief in der Nacht.
Der Tag der Beerdigung war gekommen und endlos waren die Minuten und Stunden bis Mitternacht.
Von Weitem läuteten die Kirchenglocken die Nachtzeit ein.
Vierundzwanzig Uhr mit dem letzten Glockenschlag, so war es mit „Lisa" besprochen.
Boris zog ihr ihr Lieblingskleid an, kämmte ihr ein letztes Mal die Haare, faltete ihr die Hände zum Gebet, wobei Boris die Tränen in den Augen standen und legte sie für das Begräbnis sanft in einen selbstgefertigten Holzsarg.

… Ihm war schon klar, wenn diese Art Begräbnis auffallen sollte, dass er mit vielen Fragen, Unannehmlichkeiten und einem Erklärungszwang rechnen musste.

Also, so gut es geht, eine sehr unauffällige Vorgehensweise in dieser Nacht. Ein kleines selbstgebasteltes Holzkreuz, das den Namen „Lisa" trug, sollte unauffällig und versteckt zwischen Blumenkübeln an der Kopfseite des Grabes aufgestellt werden.

* * *

Nun waren alle Vorbereitungen getroffen und Boris fing an, die Grabgruft auszuheben. Spatenstich um Spatenstich leise und vorsichtig. Denn stieß der Metallspaten auf kleine Kieselsteine, das waren sehr helle Klanggeräusche in der stillen Nacht, das Aufmerksamkeit für den ein oder anderen Nachbar bei offenem Schlafzimmerfenster erregen könnte.

Also weiter ganz vorsichtig graben, Schaufel für Schaufel auf dem Bodengemisch von Erde, Sand und Kieselsteinen.

… So vorsichtig, wie Boris sein wollte, konnte er gar nicht sein, denn ab und an waren genau diese hellen Spatengeräusche in der stillen Nacht zu hören. Nur noch etwas tiefer schaufeln und Lisa konnte in die Grabgruft eingelassen werden.

Doch es sollte kommen, wie es kommen musste. Ein Unglück kommt selten allein, so ein altes Sprichwort.

Ein Nachbar war dem Boris schon lange mit seinem sehr sonderbaren Verhalten aufgefallen und auf die Schliche gekommen. Denn bei schönem Wetter mit einer oder seiner Frau auf der Terrasse sitzen, sie teilnahmslos und ohne jede Regung zu bewirten und die nicht einmal zur Kaffeetasse greift, das war für den neugierigen Nachbar nur schwer zu verstehen und warf doch viele Fragen auf.

… Ist sie wirklich „echt"?
Oder was geht da vor sich auf Boris´ Terrasse, das sich seit Langem immer auf die gleiche Weise wiederholende Spielchen am Kaffeetisch.
Und so stand Boris´ Terrasse immer im Fokus des neugierigen Nachbarn:

Was nur geht da vor??
Hierfür gab es keine Uhrzeit und wann immer es dem Nachbar möglich war, äugte er von seinem Balkon zu Boris hinüber, was selbst Boris schon einige Male aufgefallen war, wobei der Nachbar sich immer sehr darum bemühte, bloß nicht aufzufallen.
Er wollte getarnt bleiben.

* * *

In dieser Nacht lugte der Mond zeitweilig
kräftig mit seinem Schein durch das
verhangene Wolkenbild hinter den Häusern
hervor.

… Seine Schattensilhouette in Bewegung hat
ihn bei der Gruftausgrabung sichtbar gemacht.
Der Nachbar, schon seit langem von seiner
Neugierde und inneren Unruhe mit leichtem
Schlaf geplagt, nahm durch sein abgekipptes
Schlafzimmerfenster in dieser Nacht
ungewöhnliche Geräusche wahr, die er zu
dieser späten Stunde wohl nicht einordnen
konnte.
Vielleicht herumstreunende Katzen,
Waschbären oder sonstiges Getier könnten die
Verursacher sein und er begab sich auf seinen
Balkon, um nachzusehen,
Woher kommen nur diese ungewöhnlichen
Geräusche, was sind das für Geräusche??

… Und da erkannte er im hellen Mondlicht,
woher diese Geräusche aus Boris´ Garten,
kamen. Mit einem danebenliegenden blassen
Gesicht, eine leblose Menschengestalt in einem
geöffneten Sarg, den Boris eilig begann in die
Grabgruft niederzulassen.

… Das gibt es doch nicht??

Das ist doch wohl nicht möglich??

So wird sich der Nachbar wohl einige Male die Augen gerieben haben und noch mal gerieben haben, bis er anfing, das zu glauben, was er da sah.

Hat der seine Frau wirklich umgebracht und begräbt sie in seinem Garten?

Seine Frau wurde aus dem Schlaf gerissen und nun sahen vier Augen vom Balkon, was da zu sehen war.

… Das plötzliche Wohnungs- und Balkonlicht des Nachbarn ließ Boris erschrecken. Er sah hinüber und wusste nun

… „Boris" du bist ertappt. Da sehen vier Augen, was zu sehen ist.

Der Nachbar mit seiner Frau.

Du bist trotz aller Vorsichtigkeit aufgefallen, was jetzt viel Ärger und noch mehr Erklärungen bedeutet.

Der Nachbar und seine Frau würden das nicht ignorieren und einfach auf sich beruhen lassen.

Boris war nun klar, die Polizei würde nicht lange auf sich warten lassen.

… Natürlich, als rechtschaffener Bürger hatte der Nachbar nichts Eiligeres zu tun gehabt, als die Polizei zu rufen.

Das dauerte auch nur wenige Minuten bis zum Eintreffen und Boris blieb keine Zeit mehr für eine Uminszenierung der Grabgruft.

So schnell, wie die Polizei mit einigen Streifenwagen, Blaulicht und Sirenengeheule vorfuhr, da musste der Nachbar wohl sehr aufgeregt und außer Atem von einem

Mord mit Nachtbegräbnis

bei Boris im Garten gesprochen haben.

Mehrere Polizeibeamte stürmten und umstellten den gesamten Haus- und Gartenbereich.

Mittlerweile hatte sich Boris im Haus verschanzt und wurde im Sturm über Lautsprecher und Hausglocke aufgefordert, mit erhobenen Händen rauszukommen und keinen Widerstand zu leisten. Das tat Boris auch, er wurde von mehreren Beamten zu Boden gerissen und mit Handschellen versorgt.

Von Boris´ Gefasel über Hausrecht und Ungerechtigkeit nahmen die Beamten keine Notiz. Für die Polizei war das

„**Gefahr in Verzug**", die von einem verübten „**Mord**" ausgegangen waren.

* * *

Befehlsmäßig ordneten die Beamten die
Hinführung zur Grabstätte an, dem Boris
wortlos folgte.
Ein Grab mit einem kleinen Holzkreuz und
dem Namen „Lisa" darauf, ließen in dieser
Nacht auf eine frisch angelegte Grabstätte mit
einem Leichnam schließen.

… In allen Nachbarhäusern gingen durch den
Sirenenlärm und die Blaulichter der
Polizeiwagen die Lichter an. Was ist da los
beim Nachbar Boris im Garten?

* * *

Boris war durch seine Vorstrafen schon
polizeidienstlich registriert. Das heißt, er war
durch seine Kriminalität bei der Kripo mit Bild
und Fingerabdruckcomputergespeichert und
sollte nun in Untersuchungshaft dem
Haftrichter vorgeführt werden.

* * *

Haus und Grundstück wurden in dieser Nacht
von der Polizei abgesperrt und bewacht.
In den frühen Morgenstunden war eine rege
Aufruhrstimmung, ja eine Hysterie in der
kleinen Ortschaft ausgebrochen.
Eine ganze Armada von Polizei, gefolgt von
einem Leichenwagen, Arzt und Helferin im
weißen Kittel, Beamte in Zivil, Staatsanwalt
und Bürgermeister, dazwischen die Presse mit
Nachbarschaft.

… Die Graböffnung ließ nicht lange auf sich
warten. Mit Spaten und Schippen wurde die
Grabgruft von Beamten freigelegt, das
Sarggestell herausgehoben und der lose
Sargdeckel beiseitegeschoben.

* * *

… Ja, liebe Leser,

das Unvorstellbare, das Unfassbare offenbarte
sich vor aller Augen. Denn keiner wollte
glauben, was da zu sehen war.

… Da war „sie", die immer freundlich
lächelnde „**Lisa**" und begrüßte alle um ihren
Sarg herumstehenden entsetzten Gesichter, die
wortlos auf sie herabblicken.
Der anwesende Arzt und seine Helferin
erkannten sofort den irrealen Leichnam.

… Eine sehr lebensechte und gutaussehende
Puppe, die da vor uns liegt, aber kein
Leichnam.
Ich werde einen Bericht schreiben über diesen
„**Mord**" oder was auch immer das sein soll.
Meine Patienten warten auf mich „auf
Wiedersehen", so der Arzt mit seiner Gehilfin.

… So wurde am nächsten Tag in einem
Sonderblatt der lokalen Zeitung berichtet.

* * *

Ja liebe Leser,

diese entsetzten, verdutzten und
nichtssagenden Gesichter aller Anwesenden,
verschlugen jedem den Atem und das ist hier
nicht weiter zu beschreiben.
Das hatten in all den Dienstjahren die Beamten
in der Verbrecherbekämpfung noch keiner
erahnt, geschweige denn mit eigenen Augen
gesehen.
Das sprengte selbst für hartgesottene Beamte
jede Vorstellungskraft.

Denn keiner konnte nur annähernd ahnen, dass es sich um eine

„Agalmato – Philie" handelte.

Ein Begriff, der keineswegs geläufig ist und in eine irreale Parallelwelt gehört.

Der Alarmzustand der Polizei und alle anderen behördlichen Institutionen wurde genauso schnell, wie er ausgelöst war, auch wieder beendet. Kopfschütteln bei den Beamten mit den Worten zur Presse,

„Wie kann ein Tag nur so anfangen"

Nachdem Boris einem Anwalt zu sich ins Gefängnis rufen ließ, wurde in allen Details Licht in dieses irreale Mord- und Begräbnisgeschehen der vergangenen Nacht gebracht.

Man soll es nicht für möglich halten.

Nicht einmal eine Straftat, ein Strafbestand oder Ordnungswidrigkeit konnte Boris zur Last gelegt werden, rein gar nichts.

Nicht einmal eine Erregung öffentlichen Ärgernisses oder eine Belästigung. Das Einzige, was Boris getan hatte, war, dass er auf seinem Grundstück im Garten zu einer ungewöhnlichen Stunde seine geliebte **Puppe** begraben hatte, die ein aufmerksamer Nachbar für einen lebensechten Leichnam verkannt hatte.

* * *

Diese Art von Verkennung wird in der
Psychologie als „**Illusionäre Verkennung**",
benannt eben etwas zu sehen es aber irreal
wahrzunehmen und zu deuten, bis dann doch
der Trugcharakter erkannt wird.

… Durchaus kann es sein, dass wir alle schon
einmal so eine „Illusionäre
Verkennung" wahrgenommen haben und
womöglich einen auf der Straße liegenden
Stock als kleine Schlange oder ein Blatt im
Wind als Vogel verkannt haben.
Allerdings hat der aufmerksame Nachbar in der
Mondscheinnacht seinen Trugcharakter nicht
mehr erkannt und die ganze Begräbnisszenerie
für echt und real gehalten.

… All das ist kein Anlass für eine Bestrafung
wo im Gesetzbuch kein Passus zu finden sein
w,ird.

… So wurde Boris umgehend aus dem
Gefängnis entlassen. Die Presse machte sich
mit Entsetzen als spannenden Krimi aber auch
mit viel Witz und Häme darüber her, was noch
lange nachhallte.

* * *

Das Grab von „Lisa" wurde von Boris neu angelegt, das Holzkreuz wieder aufgestellt und in kleinen Trauerritualen liebevoll mit Blumen bepflanzt.
Das alles sehr zum Missfallen, Ärgernis, Aufregung, Schimpf und Schande seiner Nachbarschaft, deren Abwertungen natürlich in den geisteskranken Bereich fielen.
Boris wollte „Lisa" vergessen und lebte noch einige Zeit im Haus des Geschehens, bis er in eine andere Stadt zog.
„Lisa" allerdings ließ er traurig zurück.

* * *

Hier nun aus seinen inneren Qualen heraus, man kann auch sagen seinem großen Kummer oder Liebeskummer über den Tod seiner geliebten „**Lisa**", nahm Boris durch Empfehlung Kontakt zu „**mir**" auf, für eine hypnotische Ergründung seiner Charakteranlagen mit Schuldgewissen am **Mord** von „**Lisa**".

* * *

… Liebe Leser,
war das alles nur ein großer Spaß oder verbirgt
sich hinter diesen sadistischen Triebanlagen
doch noch mehr, als Sie ahnen können. Wir
werden sehen.
Lesen Sie weiter in diesem spannenden
„**Psycho – Thriller**".

Mein Buch ist noch nicht zu Ende.

Eine analytische

Zusammenfassung
über diesen irrealen **Mord**.

* * *

Liebe Leser,
ein irrealer **Mord**
was könnte man sich darunter vorstellen oder
was ist ein irrealer **Mord**?
Im Kapitel 4 benannt als „**Agalmato – Philie**"
ist das ausführlich beschrieben wie durch einen
Charakter oder Anlagedefekt mit irrealen
Denkmustern und Gefühlserleben in einer
Parallelwelt, so ein irrealer
„**Mord**" wirklichkeitsnah erlebt werden kann.

* * *

… „Boris",
immer weiter und tiefer in seiner Kriminalität
durch Geldtransport- und Überfallplanungen
verstrickt, um hier in Deutschland zu leben
oder um zu überleben. Legale und normale
berufliche Tätigkeiten sind für ihn undenkbar
und wenn überhaupt, dann nur durch
behördliche Auflagen denen er sich nicht
widersetzen kann.
Denn kommt er den behördlichen Weisungen
nicht nach, dann hat er seine
Aufenthaltsgenehmigung verspielt.

… Der Raub-Coup
war gut geplant und vielversprechend
durchdacht, jedoch mit einer unkalkulierbaren
Schwachstelle. Der Kumpel, als Nervenbündel
für Aufregung und Anspannung nicht belastbar,
hinterlässt seine „DANN"- Spuren am Tatort
mit Folgeverurteilung vieler Jahre Gefängnis
für beide.

* * *

Gewaltexzesse von Boris im Gefängnis
verlängern seine Haftzeit. In weiser
Voraussicht der Gefängnisaufsicht.
… Es dauert nicht lange, Boris, wir sehen uns
bestimmt bald wieder und dann noch für
längere Zeit.

* * *

„Boris" hatte eine Charaktereigenschaft, die in
seinem Wesen eingebettet war. Alles was ihn
belastete oder störend für ihn war, verdrängte
er ins Unbewusste und löschte es aus seinem
Gedächtnis, so als wäre es nie geschehen, ohne
eine belastende Erinnerung daran zu verspüren.

Egal um was es sich gerade handelte, er fühlte
sich durchaus frei, mit keinem störenden
Schuldbewusstsein. So auch seine
Gefängnisstraftaten von vielen Jahren, die es
für Boris mit dieser Charaktereigenschaft
praktisch gar nicht gab.

* * *

„Boris'" Verbrechenskarriere als „**Gangster**"
ging nach seiner Entlassung aus dem
Gefängnis weiter. Sein gewissenloser
Charakter diktierte ihm, wie ein Gangster zu
denken und zu handeln hat.

* * *

Die Zeit des Alleinseins barg für Boris
Überlegungen für eine neue Partnerschaft.
Real und lebensecht war das für ihn nicht
möglich und so siedelte er seine Überlegungen
in einen irrealen Bereich an.
Der „**Agalmato – Philie**".
Die Lebenspartnerschaft mit einer lebens-
ähnlichen Puppengestalt, für sein sexuell
sadistisches Ausleben, aber auch als die große
Liebe seines Lebens.

Für Boris rückte „Lisa" in den realen
Lebensbereich hinein, was sich durch seine
Fürsorglichkeit, Gespräche und
Zukunftsplanungen mit ihr zeigte.
So auch im Heiratsritual der Ehering, den
„Lisa" von nun an tragen wird, wodurch sich
Boris als Ehemann verpflichtet fühlte.

* * *

Boris, in seiner unkontrollierbaren
Sex – Trance
mit Machtbesessenheit, tötete „Lisa",
die Liebe seines Lebens. Für Boris ein realer
Mord mit einem Schuldbewusstsein und
großem Trauerleiden.

* * *

Wohin mit dem „**Leichnam**", wohin mit
„**Lisa**", anonym im Garten zur Nachtzeit sollte
es sein.
Eine kleine Grabstätte mit einem Holzkreuz
und dem Namen „Lisa" darauf.
Die Angst bei diesem Nachtbegräbnis von
einem Nachbar bemerkt zu werden, ließ Boris
unvorsichtig werden. Er wurde bemerkt.
Ein neugieriger Nachbar hatte Boris schon
lange im Visier.
Er wurde ertappt.

* * *

… Die illusionäre Verkennung des Nachbarn in
der Mondscheinnacht brachte die gesamte
Ortschaft in Aufruhr. Da ist ein Mord
geschehen, mit einem Nachtbegräbnis bei
Boris im Garten. So machte das Entsetzten
seine Runden.

* * *

Die Freilegung der Grabgruft:
Da war **Sie**, die immer freundlich lächelnde
„**Lisa**" und begrüßte alle entsetzt
umherstehenden Gesichter, die auf sie im Sarg
herabblickten. Der anwesende Arzt wird einen
Bericht über den Mord oder was immer das
auch sein sollte, schreiben. Die Presse machte
sich mit Witz und geladener Krimifassung
darüber her.

* * *

Eine Verurteilung mit Bestrafung für das
Begräbnis einer geliebten „**Puppe**" zur
Nachtzeit im Garten, „**unmöglich**", hierfür im
Strafgesetzbuch einen Passus zu finden.

Ende

Kapitel 5

Die Tiefenhypnose.

Pavor – Nocturnus.
Ein Hilfeschrei aus dem Unterbewusstsein.

* * *

Liebe Leser,
wie vor jeder Tiefenhypnose in **Trance** ist die
Sorgfalt und Aufklärungspflicht ein wichtiger
und verpflichtender Bestandteil, zur
Schadensabwendung für meinen Klienten.
Die Sorgfalt und Aufklärungspflicht, darauf
weise ich meine Klienten immer wieder
eindringlich hin, sollte nicht nur abgenickt
angehört, sondern auch richtig verstanden
werden.
Wenn mein Aufklärungsgespräch und die
Anwendungsarbeit für die Hypnosen nur
oberflächlich verstanden wird, dann können
sich während den Hypnoseindikationen
Unsicherheiten und starke Ängste bei meinem
Klienten als sogenannte
„Störfelder" einschleichen.

Also Widerstände mit Ablehnung, die mein
Klient gegen die Hypnosen entwickelt und
damit eine ganze Hypnose-Trance unbrauchbar
macht, da die einsuggerierten
Wirkmechanismen wirkungslos bleiben
würden, ohne die beabsichtigte Festsetzung in
das Unterbewusstsein.

* * *

Wie schon gesagt,
nahm Boris auf Empfehlung einen ersten
telefonischen Kontakt zu mir auf.
Auf meine Frage, was der Grund für eine
Tiefenhypnose sei oder worin sein
Leidensdruck besteht für so eine spezifische
Hypnose ins Unterbewusstsein, verneinte er
ausweichend. Vereinfacht gesagt:
Boris wollte am Telefon nicht darüber
sprechen. Nur, es wäre ihm sehr wichtig, mir
gegenüber im Vieraugengespräch sein
Anliegen und seine Probleme vorzutragen. Es
würde ihm im Telefongespräch zu schwer
fallen, die richtigen Worte dafür zu finden und
dass er dafür auch Hilfestellung benötigte, weil
sein Problem ein großes Problem sei.

… wie schon gesagt, um alles verständlich
ausdrücken zu können und die Antworten
darauf auch richtig zu verstehen, das war Boris
wichtig.

… Nun gut, meine Antwort darauf:
Wie „Sie" sagen, verbirgt sich doch eine große
Wichtigkeit dahinter. Sein Sprachakzent ließ
mich auf ausländische Wurzeln, vielleicht mit
Migrationshintergrund schließen.
So wurde ein fester Beratungstermin
vereinbart, der bei Boris zu Hause in seinem
geschützten und vertrauten Umfeld stattfinden
sollte, wobei ihm diese Anonymität sehr
wichtig war.

* * *

Pünktlich wie besprochen, erschien ich bei ihm
an einem späten Nachmittag zum
Beratungstermin.

… Meine Wahrnehmungen auf den
Einrichtungsstil im Wohnzimmer machten
einen eher kalten Eindruck mit wenig
einladendem Ausdruck für Gemütlichkeit und
Wohlbefinden,
Was für Boris wohl nur sehr zweckmäßig
gedacht war.
Genau so kalt wie sein wohnliches Umfeld,
wie sich später herausstellte, so war auch sein
Charakter und seinen Gefühlskälte.

* * *

Nun saßen wir uns gegenüber, wobei die ersten
Gesprächskontakte doch sehr schwergängig
und holprig mit vielen außergewöhnlich langen
Pausen waren.
Es war einfach schwierig, mit Boris eine
Unterhaltung aufzubauen, die ich selbst als
sehr angespannt und ins Nichts führende
empfand. Aber Boris war nun mal mein Klient
und ich musste schon einige Male in meine
Kommunikationstrickkiste greifen, damit ein
halbwegs fließendes Gespräch über sein
Problem erreicht werden konnte.

… Nun ja, im vielen Hin und Her und dem
einen oder anderen Themenspringen, war ich
mit Boris´ Lebensgeschichte verbunden. Noch
etwas unsicher und stotternd begann er auf
meine Anamnesebefragungen (Rückerinnerung
aus seiner Lebensgeschichte) zu erzählen, wie
schon zuvor ausführlich in den Kapiteln
beschrieben wurde.

* * *

… Mit viel Empathie begann ich mich in Boris
einzufühlen, um sein Problem sichtbar und
verstehbar zu machen.

Wobei ich als Anfangsverdacht auf eine äußerst
schwierige Persönlichkeit mit einem
Charakterproblem schloss.

Daran hatte ich schon sehr schnell keine
Zweifel mehr, was sich auch später als
Verdachtsprognose richtig herausstellte.

Nun wurde es Zeit, mit meiner Sorgfalt und
Aufklärungsberatung zu beginnen, zur
Vorbereitung für die Durchführung der
spezifischen Tiefenhypnose, die ich Boris, so
gut es ging, mit einfachen Worten verständlich
machte, damit er dem auch gedanklich folgen
konnte.

Auch musste ich Rücksicht auf seinen
Migrationshintergrund nehmen und ich begann
mit langen und weit ausgeholten Erklärungen,
die Tiefenhypnose verständlich zu machen.

Eine Tiefenhypnose, so begann das Gespräch,
ist ein herabgesetzter Bewusstseinszustand. Ein
Zustand, dem jede Klarheit und Logik fehlt, da
es sich, wenn die Hypnose-Trance erreicht ist,
um einen Tiefschlaf handelt.
Auf Griechisch (**Hypnos**) und in der Kultur als
Todesschlaf benannt, was aber nichts mit dem
Tod zu tun hat. Eben nur ein fester Tiefschlaf
ohne Außenwahrnehmungen auf die Umwelt.
Keiner braucht vor einer Hypnose Angst zu
haben, da eine Hypnose keine **Narkose** ist und
wie schon gesagt nur ein sehr tiefer und fester
Schlaf im **Trancezustand ist.**

* * *

In der Tiefenhypnose geht es bei Ihnen, Boris,
wie ich herausgehört habe, um die
Begründung, den **Drang** zur Kriminalität, der
Sie beherrscht. So auch die Ablehnung an ein
sozial angepasstes Verhalten in unserer
Gesellschaft, dem Sie aggressiv und
kämpferisch gegenüberstehen, wie auch um
Ihren Leidenszustand.

… Ich werde bei Ihnen mit leichteren Hypnoseeinwirkungen zur **Habituation** beginnen. Das heißt, die Gewöhnung an die Hypnose und mit den Folgenhypnosen dann vertieft in Ihr Unterbewusstsein eindringen. Für die letzteren Hypnosevertiefungen werde ich bei Ihnen im Tiefschlaf Fragestellungen vornehmen, die Ihr Charakterbild, ihren wahren Charakter widerspiegeln sollen.

Sie werden auf meine Fragen impulsgesteuert reagieren und antworten. Das bedeutet ohne Ihre bewusste Kontrolle, was Sie mir auf meine Fragen antworten und erzählen werden.

Dieses ist die unbewusste **Assoziation**, also freie Impulserzählung aus Ihrem Unterbewusstsein.

* * *

Dieses dient der späteren Auswertung Ihres Charakterbildes, da impulsgeteuerte Antworten aus Ihrem Unbewussten „**keiner**" willentlichen Kontrolle und Zensur unterliegen. Ihr Unterbewusstsein wird auf meine Fragen reagieren, ohne, dass Zeit bleibt, Ihre Antworten zu manipulieren oder zu verschönern.

Etliche Hypnose-Trance-Einwirkungen werden für die Ergründung Ihres Charakterbildes notwendig sein, um die zusammengetragenen Puzzleteile im Nachhinein für die Vollständigkeit Ihrer wahren Charaktereigenschaften nebeneinander zu stellen und erklärbar zu machen. Gemeint ist Ihr wahrer Charakter und nicht der, den Sie zeigen.

* * *

Denken Sie zu Anfang bei den leichteren Hypnosen nicht, dass alles keinen Sinn hat, was da in der Hypnose geschieht.
Für die feste Absicht, ihr Charakterbild offenzulegen, ist es unbedingt von großer Notwendigkeit, dass Sie mir **vertrauen** müssen.
Denn nur dann wird es mir in einem späteren Ergebnisgespräch möglich sein, die Antworten aus Ihrem Unterbewusstsein zu deuten, was sich da in Ihnen verbirgt.
Es hat eben alles seinen tiefen und wichtigen Sinn in meiner hypnotischen Vorgehensweise, den Sie erst viel später verstehen werden.

In den Hypnosen fixieren Sie Ihre Gedanken nur auf meine Stimme, Sie müssen nur meinen Worten gedanklich folgen und nicht abgelenkt oder in Phantasien woanders unterwegs sein, bis Sie eingeschlafen sind. Seien Sie begeistert, denn alles was begeistert, gewinnt Macht über uns.

… Folgen Sie in Ihren Gedanken und Phantasien nur meiner Flüsterstimme. Denn ohne Ihre Mitwirkung werden die Hypnosen unwirksam und unbrauchbar sein.

* * *

Die Einschlafsuggestionstexte sind immer in leicht veränderten Wortformulierungen, Wiederholungssuggestionen, damit Ihr Unterbewusstsein lernt, meine Einflüsterungen anzunehmen.

* * *

Wichtig zu wissen:

Vergleichen Sie die Tiefenhypnose **nicht** mit den Bühnenshow-Hypnosen. Sie dienen lediglich der Illusion und haben mit Ihrer Charakterergründung nichts zu tun.

* * *

Die Wiederholungshypnosen zur Gewöhnung (**Habituation**) dürfen auf keinen Fall abgebrochen werden, gestreckt ja. Aber nicht für längere Zeit unterbrochen oder gar verschleppt werden, sonst verliert sich auch das in Unbrauchbarkeit.

* * *

Viele meiner Klienten sind der Auffassung, mit Psyche, Psychologie und Unterbewusstsein nichts zu tun zu haben. Doch das ist ein Trugschluss. Denn jeder Mensch hat eine **Psyche** und eingelagert in den tiefen Schichten der Psyche ein Unbewusstes.

Ein ganz eigenes Unterbewusstsein mit seinen ganz besonderen und einzigartigen Charakterkonstrukten von Eigenschaften, Talenten oder auch Psychopathiewerten (pathologisch negative Eigenschaften). Sozusagen als Psyche-Grundausstattung in seinen Wesenszügen eingebettet.

* * *

Die Tiefenhypnosen können je nach Wohlbefinden sitzend in einem bequemen Sessel oder auch liegend für die Trance durchgeführt werden.
Sie dauern bis zu 35 Minuten. Wichtig dabei ist nur, dass Ruhe und Wohlgefühl vorherrschen, wobei alle Wiederholungshypnosen zeitnah in Absprache weitergeführt werden.

* * *

In den Hypnosen dürfen **keine** Störgeräusche den Trancezustand beeinflussen oder ablenken. Das bedeutet, Hausglocke, Telefon, offene Fenster und Sonstiges sind hierfür unbedingt vorbeugende Maßnahmen abzustellen bzw. zu schließen.

Die Zielfestlegung, der Zielauftrag, für Ihr Problem ist, die **Begründung Ihres Charakterbildes**. Ihrem ausgeprägten Drang zum „**Bösen**" für Schwerkriminalität, was bedeutet, dass ich nach „**Legartis**", nach den Regeln der Hypnotischen **Kunst** vorgehen werde, was auch eine Mitwirkungspflicht Ihrerseits bedeutet.

* * *

In den Hypnosen dürfen Sie keine gedankliche **Zensur** über die Suggestionen oder Worteingebungen ausüben. Auch das können Störfelder sein und eine ganze Hypnose unbrauchbar machen.

* * *

Durch die Hypnose nehmen wir gemeinsam Kontakt mit Ihrem Unterbewusstsein auf, um Ihr Impulsverhalten ergründbar zu machen.

Ganz wichtig zu wissen:

Um jeden Zweifel an der Hypnose auszuräumen: Auch wenn der **Hypnotiseur**, in diesem Fall „**Ich**", während der Hypnose durch einen Herzschlag oder anderem „**Tod**" umfallen sollte, was allerdings sehr unwahrscheinlich ist und **Sie**, Boris, sich in tiefem Trance-Schlaf befinden, brauchen Sie keine Angst und Bedenken zu haben. Der hypnotische Trance-Schlaf wird in einem normalen Nachtschlaf übergehen und Sie werden ganz normal aufwachen wie an jedem Morgen, als wäre nichts mit Ihnen geschehen. Ihnen wird es weiter gut gehen, ohne Neben- und Nachwirkungen.

* * *

In der Hypnose arbeite ich mit einer sogenannten **Rückwicklung,** was im Vorgehen bedeutet, mit Ablenkungen durch meine Suggestionen vorbei an Ihrem bewussten Wachzustand, um weiter zu den tiefen Schichten Ihres Unterbewusstseins vorzudringen.

* * *

In den Hypnosen wird nichts erzwungen oder
einsuggeriert, was gegen Ihren **Willen** im
Moralischen oder Ihr Rechtsempfinden ist. Nur
der vereinbarte Zielauftrag kommt zur
Anwendung, „die Ergründung Ihres
Charakters". Mit dem Drang zum Verbrechen.

* * *

Die abgeschwächten leichten Hypnosen
werden in einem gering herabgesetzten
Bewusstseinszustand, im Fachbegriff
Somnambulie-Zustand durchgeführt. Was
bedeutet, im Halbschlaf mit eingeschränkter
Wahrnehmungsfähigkeit.
Mit anderen Worten, Sie können noch jedes
Wort von mir aufnehmen und verstehen.
Allerdings in der tiefen Hypnose-Trance im
Vollschlaf ist das nicht mehr möglich, da meine
Suggestionen schon tief in **Ihr**
Unterbewusstsein eingedrungen sind.

… Zum Ende der Hypnose fordere ich Sie
dann zum Aufwachen auf.

Als eine Art Weckruf, Aufwachruf, dass Ihre Hypnose-Trance beendet ist und dass Sie wieder zurück in Ihrer gewohnten und vertrauten „**Welt**" sind.

* * *

In den Hypnosen sind die Suggestionstexte so ausformuliert, das Sie sich von meinen Worteinflüsterungen eine bildliche **Phantasievorstellung** machen können. Eine Art Bildersprache als kleinen Kopfkino.
Der tiefe Sinn dieser Bildersprache ist, das Unterbewusstsein ist für eine bildliche Vorstellung empfänglicher als für abstrakte und „linear" geführte Einsuggerierungen.
 Gemeint ist, bildliche Vorstellungen nimmt das Unterbewusstsein besser auf als nur Worte.

* * *

Wir nutzen in unserem Wachzustand nur um die 10% unseres Gehirnpotenzials, wobei die restlichen 90% brachliegen und schlummern, siewerden also nicht genutzt, obwohl eine höhere Hirnleistung möglich ist, was aber von dem Träger ignoriert oder nicht gefördert wird.

* * *

Die „**Passung**", gemeint ist eine gewisse
Stimmigkeit zwischen Klient und Hypnotiseur,
ist eine wichtige Voraussetzung für den Verlauf
der Hypnosen.
Der Klient soll sich gut aufgehoben fühlen,
Vertrauen genießen können, und keine
gefühlsmäßigen Widerstände gegen seinen
Hypnotiseur aufbauen. Gemeint ist **Sympathie**
und keine Ablehnung, auch das können
Störfelder für eine Hypnose sein.

* * *

Alle Suggestionen sind positiv ausformuliert
und ausgerichtet auf das Hypnoseziel. In Ihrem
Fall „Boris", die Ergründung Ihres
Charakterbildes.

* * *

Tiefenhypnose:

Das ist ein **meditativer** Versenkungszustand
durch eine 2. Person, dem Hypnotiseur, mit
Lenkung an dem bewussten Wachzustand
vorbei zu den tiefen Schichten des
Unterbewusstseins.

* * *

In eine leichte **Trance**, die jeden von uns schon
einmal ereilt hat, sei es die Schläfrigkeit im
Dämmerzustand **vor** dem Einschlafen oder
beim Aufstehen nach einem tiefen und festen
Schlaf. Das Wachbewusstsein ist noch nicht
voll da, eben noch nicht richtig wach und man
torkelt noch so gedankenlos herum. Oder das
Faulenzen im Sonnenliegestuhl. Unser reales
Wahrnehmen um uns herum ist trübe und
eingeschränkt auf die Umwelt, unsere Sinne
schwinden in andere Horizonte und Sphären.
Das alles sind schon **Trance-** und
Versenkungszustände.

* * *

In unserem Unterbewusstsein, sind alle
Erfahrungen, die wir das ganze Leben lang
machen mussten, eingelagert und
abgespeichert wie in einem energiemächtigen
Computer. Jedoch mit den etwa 10% unseres
Wach- oder Tagesbewusstsein haben wir
keinen Zugriff darauf. Nur in einem **tiefen
hypnotischen** Versenkungszustand durch
Fremdhypnose ist es möglich, einen Zugriff auf
diese abgespeicherten und verschollenen
Erinnerungen zu haben, um Licht in das
dunkele **Mysterium** zu bringen.

* * *

Solange wir Zwangsimpulse aus unserem
Unterbewusstsein mit unseren realen Gedanken
nicht einfangen und steuern können, sind wir
diesem hilflos ausgeliefert. Wir reagieren
einfach unbewusst und lassen uns, wohin auch
immer lenken, wo unsere Impulse uns
hindiktieren.

* * *

… Nun Boris, das war ein langes Sorgfalts-
und Aufklärungsgespräch, das ich Ihnen so gut
wie möglich verständlich gemacht habe, zur
Vorbereitung auf die Hypnosen. Hier wurden
schon im Vorfeld **Angst, Zweifel, Sorgen** und
Bedenklichkeiten besprochen, um Störfelder
vorzubeugen für einen ratsuchenden Klienten
wie Sie.

Die Somnambulie-Trance

im Übergang

zur Tiefenhypnose

* * *

Nun liebe Leser,

wie ich schon sagte, nahm Boris durch Empfehlung Kontakt zu mir auf, für die Ergründung seiner Charakterzerrissenheit, seiner „Paraphilie", (die Abartigkeit). Etwas **Böses** und Gefährliches in sich. Eine unkontrollierbare und ungesteuerte Impulsenergie aus seiner Seelenfinsternis, der er hilflos ausgesetzt ist. Andererseits aber auch mit einer starken sozialen Integrität. Jedoch überwiegt bei Boris das „**Böse**" aus seiner Seelenfinsternis. Nun stand der Termin für eine erste Hypnoseinduktion bei Boris zu Hause in seinem geschützten und anonymen Bereich fest. Trotz meiner Bemühungen, Boris die Aufklärungsberatung verständlich zu machen, war ich mir nicht so sicher, ob er diesem auch gedanklich folgen konnte oder ob es nur ein Abnicken war. Es war bei ihm sehr schwer, die Mitwirkung einzuschätzen, da viele zerstreute Gedankengänge in den Gesprächen zwischen den Zeilen zu lesen waren.

In der Psychologie auch „**Formale Denkstörungen**" benannt. Wenn das wirklich zutreffen sollte, so konnte ich im Augenblick nichts weiter daran ändern, die Zeit dafür war zu knapp.

Aber eines konnte ich. Ich musste noch besser für dieses Meisterstück sein, um das Böse in Boris sichtbar und erklärbar zu machen, und in meinem hypnotischen Vorgehen, vorbei an seinem Wachbewusstsein, in die tiefen Schichten seines Unterbewusstseins **einzudringen**.

In einem weiterem kurzen Einleitungsgespräch wies ich Boris darauf hin, dass die Hypnoseinduktionen keine **Schulmedizin** für somatische oder psychische Erkrankungen war. Zu dieser Zeit war Boris nicht diagnostiziert oder ihm bekannt, sodass die „Hypnosen" eingelenkt werden konnten.

Ein kleines Aufzeichnungsgerät, das Boris zur Verfügung stellte und ihm sehr wichtig erschien, die Hypnosen im Nachhinein mit meinen Fragestellungen und seinen Antworten für eine „**Analyse**" abzuhören.

Boris waren die Vorbereitungen für die Hypnoserituale bekannt. Das andere mit „**Du**" oder „**Boris**" war vereinbart, und machte die Beziehung vertrauter und intensiver.

So nahm Boris auf seinem großen, ausziehbaren Sessel die Liegeposition ein. In angenehm temperierter Wohnung, stark abgedunkelt und störenden Geräuscheinflüssen wie Hausglocke, Telefon, offene Fenster und anderem vorgebeugt, was das Wohnzimmer in vollkommene Ruhe und Stille hüllte.

„**Ich**", für das Hypnoseritual schwarz gekleidet, mit weißem Halstuch links etwas schräg versetzt hinter ihm sitzend in einem kurzen Abstand zu seinem Kopfteil.

Boris verweilte schon einige Zeit zur Vorentspannung in diesem Ruhezustand, als ich mit der leichteren Hypnosevertiefung zur „**Habituation**" die Gewöhnung an die Folgehypnosen begann, was einer **Somnambulie** gleicht, was wie ein schlafwandlerischer Zustand ist. In so einer „Somnambulie", die Kombination aus Wach und Schlaf, nimmt Boris jedes meiner Worte noch wahr und reagiert **bewusst** mit Antworten auf meine Fragen.

Bei den späteren vertieften Folgehypnosen allerdings, werden das unkontrollierte und ohne eine Zensur impulsgesteuerte Antworten aus den tiefen Schichten seines Unbewussten sein.

Ein Versprecher von mir in diesem vertieften „**Trance-Zustand**" käme einer „**Sünde**" gleich und würde eine ganze Hypnose-Trance unbrauchbar machen.

* * *

… Nachfolgend nun die leichte „Somnabulie-Trance" mit der Einschlafsuggestion im Flüsterton.

* * *

- **Boris**,
  schließe nun deine Augen und mach es dir jetzt einmal ganz bequem. Folge nur meiner Stimme, nur meinen Worten.

* * *

- Atme ganz langsam ein und aus, ganz gleichmäßig langsam ein und ausatmen und entspanne dich dabei völlig.

* * *

- **Boris**, und jetzt deine ganze Aufmerksamkeit nach innen in deine Gefühlswelt richten. Tauche gedanklich ein in deine Gefühlswelt, tief eintauchen in deine Gefühlswelt.

* * *

- Auch sind deine Arme und Beine jetzt
  ganz locker und entspannt.
Locker und entspannt
nichts mehr wollen
einfach treiben und gesehen lassen.

* * *

- Treiben und geschehen lassen, meine
  Worte auf dich einwirken lassen,
tief auf dich einwirken lassen.

* * *

- **Boris**,
  du atmest weiter ganz ruhig und
  gleichmäßig,
ruhig und gleichmäßig ein und aus,
ein und ausatmen und du bist dabei
vollkommen gelöst von allem Tagesgeschehen.

* * *

- Du fühlst dich jetzt ganz ruhig und
  noch ruhiger, alle Last fällt nun
  langsam, ganz langsam von dir ab.

- **Boris**,

spüre doch wie sich eine wunderbare Ruhe in deinem ganzen Körper ausbreitet.

- Und nun Boris konzentriere dich auf deine Beine,

gedanklich nur auf deine Beine konzentrieren.

- Du spürst und fühlst jetzt ganz deutlich, wie deine Beine ganz schwer werden.

- Immer schwerer werden deine Beine immer schwerer und schwerer, schwerer wie Blei und sie ziehen dich ganz tief nach unten.

* * *

- **Boris**

und jetzt konzentriere dich auf deine Arme.
Deine Arme werden jetzt auch ganz schwer,
immer schwerer und noch schwerer werden
deine Arme,
schwer wie Blei.

* * *

- Immer mehr schwere fließt nun in
  deine Arme und in deine Beine und
  ziehen dich ganz stark nach unten.

* * *

- Und noch mehr Schwere fließt nun in
  deine Arme und in deine Beine.

Schwer wie Blei sind deine Arme und Beine.

- **Boris**,
auch deine Augenlider werden jetzt immer
schwerer und schwerer,
ganz schwer und noch schwerer und schwerer.

* * *

- Deine Augen sind geschlossen und
  bleiben auch geschlossen.

* * *

- **Boris**,
du versinkst immer noch weiter und weiter in
dieses wunderbare Gefühl der Ruhe und
Müdigkeit.

* * *

- Immer müder und müder wirst du,
  immer müder und noch müder
wird dein Körper und dein Geist,
müde, müde, werde müde **Boris**.

* * *

- Ich werde jetzt von 10 bis 1 rückwärts zählen und mit jeder Zahl versinkst du tiefer und tiefer in deinen **„Hypnoseschlaf".**

* * *

- 10

Boris, schlafe nun langsam, langsam ein.

* * *

.

- 9

Schlafe, schlafe, schlafe ein **Boris**.

* * *

- 8

Schlafe ein **Boris**,
schlafe nun langsam, langsam ein.

* * *

- 7

Schlafe ein und ruhe tief und fest in dir, tief und fest.

* * *

•   6

Boris, du wirst immer müder und müder,
müder noch müder wirst du,
werde müde, **Boris**.

* * *

•   5

Du versinkst immer weiter und weiter in
deinen tiefen Schlaf,
weiter und weiter in deinen Hypnoseschlaf.

      Langsam, langsam bist du
      eingeschlafen. Schlafe ein **Boris**,
      schlafe ein.
Einfach ganz ruhig einschlafen.

* * *

•   3

Schlafe, schlafe, schlafe und ruhe tief und fest
in dir.

* * *

- 2

Boris, schlafe tief und fest.
Alles in dir ist nun im Hypnoseschlaf
versunken.

* * *

- 1

Boris, mit dieser Zahl schläfst du in deiner
Hypnose.

Kurze Pause:

Ich gebe dir jetzt ein Codierungswort in dein Unterbewusstsein ein.
Es lautet:
Sarajevo.

Immer wenn ich dir dieses **Wort** in der Hypnose sage, dann hat dein Unterbewusstsein den Auftrag,
… den **Befehl**, die Fragen, die ich stelle, zu beantworten.

(Kurze Pause für den Aufwachruf)

* * *

- **Boris**, ich werden jetzt langsam von 1 bis 5 zählen und hole dich aus deiner Hypnose zurück in deine vertraute und gewohnte Welt.

- 1

Boris, langsam wirst du wach.

- 2

Werde langsam wach, **Boris**.

- 3

Werde wach, **Boris**.
     Aufwachen, **Boris** du wirst wach.

- 5

Boris, du bist aufgewacht und zurück in deiner vertrauten und gewohnten Welt.

Liebe Leser, dieses Einstiegs-Somnambulie-Ritual habe ich bei Boris zur Habituation, (zur Gewöhnung) für den Übergang in die Tiefenhypnosen in Tagesbeständen bis zu 12-mal wiederholt, was für seinen schwierigen und gepanzerten Charakter von Wichtigkeit war.

Nun da war das Zeitfenster mit den 12
Gewöhnungshypnosen erfüllt, so dass ich bei
Boris den tiefenhypnotischen Trancezustand
einleiten konnte. Boris war zu meinem
Erstaunen sehr in seiner Mitwirkung vertieft,
was für die spätere Charakteranalyse auch
wichtig war.

* * *

… **Wie zuvor**
leitete ich mit der Somnabulie-Hypnose den
Einschlafmodus mit „gleitendem
Übergang" in die Tiefenhypnose an.

* * *

… Die Tiefenhypnose im Trance war bei Boris
erreicht, und ich begann mit einem festeren
und präziseren Wortlaut meine Botschaften an
sein Unterbewusstsein zu senden, mit dem
Auftrag, auf meine Fragen zu antworten.

* * *

In Folge nun die Tiefenhypnose:

* * *

- **Boris**,
dein Codierungswort lautet:
Sarajevo , Sarajevo.

* * *

- **Boris**,
folge jetzt nur meiner Stimme, nur meiner
Stimme folgen.

* * *

- **Boris**,
du bist jetzt 37 Jahre alt, gehe 3 Jahre
zurück in dein Alter von 34 Jahren.
Erinnere dich und antworte mir, was du in
dieser Zeit gemacht hast.

* * *

- Seine Antwort langsam und stockend:
  Ich hatte meine große Liebe geheiratet.
  „**Lisa**" hieß sie, die ich schon lange
  vorher aus meiner Gefängniszeit
  kannte. „**Lisa**" liebte mich, ich war für
  sie auch die große Liebe ihres Lebens.
  Nichts konnte uns trennen, bis ich sie
  tötete.

* * *

- Seine Antwort langsam und stockend:
  Die Liebe und meine Besessenheit zu
  ihr waren groß. Ich weiß nicht, was ich
  da tat und warum ich sie tötete. Ich war
  im **Sexrausch** wie in einer **Trance**
  besessen von Machtgefühlen. Ich war
  nicht Boris. Ich war ein anderer, ein
  Dämon. Ich war ein Geist verkleidet in
  einer Menschengestalt und gelenkt von
  einer fremden Macht. Ich leide sehr
  darunter, dass ich sie tötete und nicht
  mehr habe, ich habe sie begraben und
  zurückgelassen.

* * *

- **Boris**,
wo hast du sie begraben und
zurückgelassen.

- 147 -

* * *

- Seine Antwort:
In meinem Garten, nahe am
Springbrunnen, an dem sie immer so gerne
mit mir saß.

* * *

- **Boris,**
gehe noch weitere 3 Jahre zurück, in dein
Alter um die 31 Jahre. Was hast du da
getan?

* * *

- Seine Antwort:
Ich war kriminell, sehr kriminell. Mein Drang
zur Kriminalität, meine kriminelle Energie
lenkte mich wie von Geisterhand zum **Bösen**.
„**Böse**" zu sein, das war nicht schwer. Gut zu
sein, das war mir verboten.

- **Boris**,

gehe noch weitere 3 Jahre zurück, in dein Alter um die 28 Jahre.

* * *

- Seine Antwort:

Für viel Geld habe ich geheiratet. Eine Heirat mit einer Lebenslüge, die mich wie ein Fluch verfolgt. Ein Fluch, der mich beherrscht und nicht mehr loslässt. Eine **Lüge vor Gott** mit einer göttlichen Bestrafung, auf die ich warte.

* * *

- **Boris**,

gehe noch weitere 3 Jahre zurück in dein Alter um die 25 Jahre.

* * *

- Seine Antwort:

Da war ich noch im Gefängnis und habe
„Lisa" kennengelernt. Ich habe große
kriminelle Verbrechen begangen. Für die
ich mit vielen Jahren Gefängnis bestraft
wurde. Das Gefängnis war mir egal
„Lisa" hatte mich belohnt.

* * *

- **Boris,**

weitere 3 Jahre zurück in dein Alter um die
22 Jahre.

* * *

- Seine Antwort:

ich war nach meiner Flucht aus Bosnien in
Deutschland angekommen und habe
kriminelle Verbrechen geplant und
begangen. Ich musste das tun, ich konnte
nicht anders. Eine innere Triebenergie
zwang mich dazu.

* * *

- **Boris**,

warum deine Flucht aus Bosnien?

* * *

- Seine Antwort:

Ich musste aus meiner Heimat fliehen
und mein bisheriges Leben zurücklassen.
Ich habe viele Verbrechen begangen und
wurde für das Gefängnis gesucht.

* * *

- **Boris**,

noch 3 Jahre zurück in dein Alter um die
19 Jahre.

* * *

- Seine Antwort:

Viele Jahre Gefängnis für schwere
Verbrechen in meiner Heimat und
Fluchtvorbereitungen nach Deutschland.

* * *

- **Boris,**

noch weitere 3 Jahre zurück in dein Alter
um die 16 Jahre.

* * *

- Seine Antwort:

Mit Kumpels viele kriminelle Pläne für
Verbrechen geplant und begangen.

* * *

- **Boris**,

noch weitere 3 Jahre zurück in dein Alter
um die 13 Jahre.

* * *

Die Schule war schon lange vorbei. Da
wollte mich keiner mehr haben und ich
wurde wegen Ungehorsam, Gewalt und
Aggressivität rausgeschmissen.
Schuluntauglich wäre ich, aber das war mir
auch egal, ich wollte sowieso nicht lernen.

* * *

- **Boris,**

noch weitere 3 Jahre zurück in dein Alter
von 10 Jahren.

MeinStiefvater war ein Alkoholiker und
Schläger. Ich hatte große **Angst** vor ihm,
große **Angst**. Aus Rache wollte ich ihm
Haus und Hof abbrennen. Schön war es
immer an meinen Spielplätzen in der
Natur, Wald und See.

* * *

- **Boris**,
noch weitere 3 Jahre zurück in dein Alter
um die 7 Jahre.

* * *

- Seine Antwort:
Angst, **große Angst** vor der Schule, den
vielen Kindern mit bösen Blicken und
Stiefvater mit seinen Schlägen. **Angst,** die
mich beherrscht und verfolgt. Immer und
immer weiter **verfolgt** wie ein **Dämon,** der
über mir schwebt.

… All diese Antworten gab Boris schleppend
und stotternd.

* * *

Liebe Leser,
hier nun geschah das Unfassbare in Boris´,
tiefem Tranceschlaf.
Ein Hilfeschrei aus der Seelenfinsternis, mit
einer mächtigen Energieentladung aus seinem
Unterbewusstsein.
… Ein Ur-Angstschrei aus seiner Kindheit.

* * *

… Noch im tiefen Tranceschlaf bemerkte ich
bei Boris Tränen im Gesicht und wie er mit
diesem
Ur -Angstschrei in eine Schreckaufwachung
fiel, bevor ich ihn aus der Hypnose
zurückholen konnte.

* * *

Mit diesem „**Pavor – Nocturnus**"
(dem Angstschrei aus seinem
Unterbewusstsein) war Boris aus seiner
„**Trance**" erwacht und beugte sich wie ein
„**Sumokämpfer**" mit einem Kampfschrei über
mich.
… Ich bin ein „**Dämon**"
… Ich bin geboren und war schon vorher
verloren.

* * *

… In diesem Augenblick war „ich sein Gegner, sein Feind, der vernichtet werden musste und doch konnte nur einer Gewinner werden.
Einiges an Mobiliar ging zu Bruch und ich musste mich schnell auf Abstand bringen, da von Boris größte Gefahr mit Gewalteinwirkung ausging.
Ein Lichtschalter rettete die Situation und ließ das dunkele Zimmer hell erleuchten, was den Trancezustand und die Gefahr mit meinen beruhigenden Worten abschwächte. Starke Verwirrtheit umgab Boris.
Schweißgebadet mit Bluthochdruck und hochrotem Kopf, trat nach und nach bei ihm wieder Normalität in dieser bedrohlichen Situation ein,
… mit den Worten:
Wer ich bin und was ich hier tue.
… Nun, in diesem Moment fand auch ich keine Antwort darauf. Der Schreck saß zu tief.

… Boris hatte keine Erinnerung an diesen
„**Pavor – Nocturnus**" mit einer **Amnesie**.
(ein zeitlicher Erinnerungsverlust):
Doch langsam kam Boris aus seiner
retrograden Amnesie wieder zurück in die
Wirklichkeit, die ihn umgab und er erkannte
mich als seinen Helfer und Hypnotiseur mit
allen Erinnerungen.

… An das direkte Geschehen allerdings, der
„Kongrade" Amnesie mit dem kämpferischen
Verpflichtungsschein für Gefährlichkeit mit
Todesdrohung, die von ihm ausging, konnte er
sich nicht erinnern, was auch Zeit seines
Lebens für immer verschollen bleiben wird.
Auslöser für diesen Pavor – Nocturnus war die
Tiefenhypnose. Das spätere Abspielen seines
Aufzeichnungsgerätes gab Boris Aufschluss
über seine **Trance**.

* * *

… Noch einmal zur Verdeutlichung:
Dieses Geschehnis, mit dem Ur-Angstschrei
aus der Seelenfinsternis nennt sich
„**Pavor – Nocturnus**" mit Amnesie, ohne eine
spätere Erinnerung an das direkte Geschehen
und das ist ein mächtiger, energiegeladener
„**Angsttraum**".

Liebe Leser,
ein Tranceerlebnis, das ich bisher noch bei
keinem meiner Klienten erlebt habe, hat mich
um eine große Erfahrung reicher gemacht.
… Denn das war die Sprache des
Unbewussten, des Unterbewusstseins und nicht
die Sprache von
„Boris".

Ende

Kapitel 6

Wer bin ich?
Die Charakteranalyse.
Meine Identität, die keine ist.

* * *

Nun wurde es Zeit und Boris drängte auf ein
weiterführendes Gespräch über seine
Charakteranalyse schon für den nächsten Tag.
Um dafür gut vorbereitet zu sein, stellte ich
noch in der gleichen Nacht mit den
Kenntnissen aus seiner Lebensgeschichte und
den Hypnoseindikationen ein mehrseitiges
detailliertes Skript zusammen, um Boris mit
empathischer Einfühlung darzulegen:
„Das Boris, bist du".

* * *

… Und so fing ich an, meine Verdachtsanalyse
nach „Legartis", was bedeutet, nach den
Regeln der hypnotischen Kunst, detailliert in
einem langen Schlussgespräch auf den Punkt
zu bringen.

* * *

„Pavor – Nocturnus",

so sagte ich,
ist ein mächtiger Angsttraum mit
Energiekräften aus dem Unterbewusstsein, die
durch einen seelischen „**Konflikt**" aus der
Lebensgeschichte bis tief in die Kindheit
zurückgehen,
„**sich**" den Weg durch die seelische
Schutzverpanzerung mit einem Ur-Angstschrei
freikämpft, und wie bei Ihnen, Boris,Sie aus
dem Tranceschlaf gerissen hat. Diese
unkontrollierbare Schreckaufwachung kann
lebensbedrohlich für zufällig Anwesende sein.
Sei es die Ehefrau, Eltern oder Kinder können
dann dieser Gefahr ausgesetzt sein, da ein
Erkennen der realen Situation **nicht** mehr
möglich ist.
Es ist eine mächtige, bedrohliche
Energiefreisetzung mit Kampf und
Abwehrhaltung und wo jeder in Reichweite ein
Feind ist, der vernichtet werden soll.

… **Boris**, in Ihrer letzten Hypnosetrance, so
sagte ich, war „ich" der Feind, Ihr Gegner, der
vernichtet werden sollte.

176

… Boris konnte meinen Ausführungen folgen, verstehen und gedanklich einordnen. Allerdings fehlte ihm an die Feind- und Kampfhaltung die Erinnerung.

… Weiter führte ich die Charakteranalyse in den Bereich seiner Machtbesessenheit aus.

* * *

Machtbesessenheit:

„Boris",
Ihre Machtbesessenheit äußert sich, dass Sie über alles und jedes stehen müssen. Dieses hat schon in der frühen Kindheit seinen Ursprung. Mächtige Angst vor Stiefvaters Gewalt, ohne diesem entrinnen zu können und hilflos zu sein. Dann die Schulangst. Andere Kinder mit bösen Blicken und Bedrohlichkeit, die sich immer weiter als Negativerfahrungen in Ihrem Denk- und Verhaltensmuster ausprägten wie ein gepanzerter seelischer Schutzwall.

… So wurde aus dem ängstlichen Boris der Kinderzeit, ein unbelehrbarer über alles stehender **„Boris"** mit dem Hunger nach Macht.

… „**Ihr**" tut mir nicht mehr weh, ich werde euch weh tun, was sich bis heute prägend zu Ihrer Persönlichkeit heranentwickelt hat.

Dieses wird als „**Ich-Synton**" benannt und bedeutet, Ihre Machtbesessenheit gehört untrennbar zu Ihnen, zu Ihrer Charakterpersönlichkeit.

Und so schwächten sich nach und nach normale soziale Distanzängste immer mehr ab, so dass eine soziale Grundangst bei Ihnen nicht mehr vorhanden ist.

Einfach ausgedrückt:

„Boris", Sie sind der Größte und Mächtigste, Angst ist Ihnen unbekannt.

Ein Kämpfer für den Krieg wäre hierfür der bessere Ausdruck.

So auch Ihr Freund oder Feind, Schwarz- oder Weißdenken, denn dazwischen gibt es für Sie nichts.

Ein Mensch, der so ganz anders ist als andere, ruhelos getrieben von seiner Machtbesessenheit. Dieses Gewaltverhalten im Gebärdenausdruck wird natürlich von anderen erkannt und als bedrohlich wahrgenommen, das als unangenehm und unverträglich eingeordnet wird, dem man besser aus dem Weg geht.

* * *

In der Psychologie wird das
Psycho-Physiognomik, die „Antlitzdiagnostik
genannt und bedeutet wie zuvor:
Mit den eigenen Beobachtungen und
Wahrnehmungen auf andere im Aussehen,
körperliche Gestalt, Gebärdenausdruck
Gesichtsform und Mimik, mit Rückschlüssen
auf Charaktereigenschaften für eine
gedankliche Schubladeneinstellung in gut oder
böse, angenehm, bedrohlich oder gefährlich.

… Diese Psycho-Physiognomik wendet jeder
Mensch für seinen Gefahrenschutz an und ist
ein Überbleibsel aus dem Zeitalter der
Ur-Menschen.

… „**Boris**“.
Obwohl es Ihr Wunsch ist, ein soziales
Mitglied in der Gesellschaft zu sein,
dazugehören zu wollen und Mitgestalter zu
sein, stellen sich Ihre machtbesessenen
Charakteranlagen gegen Sie. Sie beanspruchen
einen festen Platz in Ihnen und wollen nicht
weichen. Die Waagschale für Menschlichkeit
schlägt bei Ihnen „**Boris**“, nach unten in das
negative Gewicht der charakterlichen
Seelenfinsternis aus. Mit so einer
Charakteranlage ist eine **Eingliederung** in die
gesellschaftliche Ordnung **nicht** möglich.

* * *

„Boris",

aus Ihrer Lebensgeschichte ist mir bekannt, dass der Drang zur Kriminalität schon sehr früh in Ihrer Jugendzeit seinen Lauf nahm. Ein Drang wäre nicht der richtige Ausdruck, eher eine charakterliche Besessenheit.

Ja, eine stark ausgeprägte kriminelle Energie, gewissenlos mit Gesetzesmissachtung, die sie beherrscht.

Ihnen ist eine willentliche Kontrolle über Ihr Verhalten für Straffälligkeit so gut wie nicht möglich und was sich dabei ganz besonders hervortut:

Sie fühlen sich in dieser Rolle als

„Gangster" sehr wohl und bestätigt.

Dieses ist auf Ihre Charakteranlagen, gepaart mit den Erfahrungen aus Ihrer Lebensgeschichte und dem Milieuschaden, Ihren gleichgesinnten kriminellen Umgang, zurückzuführen. Das sind zu Ihrer charakterlichen Grundausstattung zusätzliche negative Prägungen für Kriminalität, wobei hierfür noch ein wichtiger Begriff fehlt, den ich Ihnen zum Schluss der Analyse erklärbar machen werde.

… Eine Art „Rauschzustand" mit einem Tunnelblick für das zu erwartende Licht am Ende des Tunnels durchströmt Sie, wenn Sie ein Verbrechen gut geplant und ausgeführt haben. Ein Hochgefühl mit dem Denken darüber.

… Das habe ich wieder gut gemacht, das war wieder ein kriminelles Meisterstück.

* * *

Sadismus

… Mit Ihren abnormen sadistischen Triebanlagen in der Sexualität verfallen Sie in einen regelrechten Sexrausch mit Machtbesessenenheit. Ihr Trieb- und Gewaltverhalten ist dann nicht mehr kontrollierbar. Sexueller Sadismus, so sagte ich weiter, ist sehr gefährlich und kann in so einem unkontrollierbaren „**Rausch**" bis zum sadistischen „**Mord**" des Partners führen, den Sie mit Ihrer Lebenspartnerin „**Lisa**" erleben mussten, und im realen Leben ein **Mord** mit Höchstbestrafung. In Ihren genetischen Anlagen ist dieser Sadismus abnorm ausgeprägt und fällt in den pathologischen Bereich hinein. Die Natur verteilt sehr unterschiedlich solche Triebanlagen und nicht nur bei Männern. Es gibt auch Frauen mit einer Art Sexbesessenheit,

„**Nymphomanin**" wäre hierfür ein Beispiel. Eine genetische Anlage mit der man leben muss und nur sehr zu wünschen bleibt, dass eine Tätlichkeit wie zuvor **nie eintreten wird.**

* * *

Liebe Leser, ich neige zum Schluss dieser Verdachtsanalyse zu kommen und bringe noch einmal in Erinnerung, dass Boris die volle und ganze Wahrheit über sich wissen wollte. Ungeschönt und klar ausgesprochen sollte meine Darstellung sein.

* * *

Genetischer Defekt

Hier nun fiel es mir doch sehr schwer, dem Menschen, der da vor mir saß, die volle und negative Wahrheit über sich zu sagen. Ein Mensch, der im Grunde keine Schuld daran trägt, dass er so ist, wie er ist. Von etwas Teuflischem besessen, das ihn in seinen Klauen gefangen hält und nicht loslassen will, aber doch den Wunsch nach sozialer Normalität in sich trägt.

* * *

Der Verdacht

Nun „**Boris**",
zum Schluss der Charakteranalyse schließe ich
auf der Grundlage Ihrer Lebensgeschichte und
den hypnotischen Erkenntnissen den Verdacht
auf ein unkontrollierbares Impulsverhalten zur
Straffälligkeit.
Deutlicher gesprochen:
Sie sind „der **geborene Gangster**"
mit sozialer Ablehnung, der Neigung zu Bösem
und in Ihren genetischen Anlagen eingebettet
der sexuelle Sadismus.

* * *

… Diese stark ausgeprägten
Eigenschaftkonstrukte, mit hohen Anteilen von
Psychopathiewerten (Psychopath) lassen den
Verdacht auf einen
„**Chromosom**(**XYY**)" Defekt aufkommen.
Übersetzt, das „**Verbrecher-Gen**".
Ein genetischer Defekt mit dem man leben
muss und der nicht therapierbar ist.

* * *

… Wissenschaftlich erwiesen ist, dass viele
Schwer- und Schwerstkriminelle mit langen
Knastkarrieren so einen Chromosomendefekt
aufweisen und jede Eingliederung in die
Gesellschaft scheitert.

… „**Boris**",
Sie wollten die Wahrheit über sich hören.
… „Das ist sie".

* * *

Zum Schluss des Gespräches meine dringliche
Empfehlung an Boris, psychiatrische Hilfe
aufzusuchen, bevor noch viel Schlimmeres
passiert.
Mein Auftrag, meine Arbeit zur
Charakteranalyse war hiermit beendet.

Ende

Kapitel 7

Eine abschließende Zusammenfassung
dieser Fallstudie

* * *

Nun liebe Leser,
zum Ende dieser aufregenden Fallstudie eine
kurze Zusammenfassung mit den wichtigsten
Inhalten und im Anhang eine psychologische
Richtlinie für Gefahrenerkennung, in denen es
nicht um Beratung oder Eingliederung in die
Gesellschaft geht, sondern um eine reale
Gefahreneinschätzung.

* * *

… Boris´ Kindheit ließ schon früh
durchblicken, dass andere Menschen störend
und beeinträchtigend auf ihn wirkten, was sich
auch später als schwer zugänglich zu seiner
Gefühlswelt mit einem seelischen Schutzwall,
sozial isoliert und wenig Anpassungsfähigkeit,
äußert.

* * *

… Seine Schulzeit gleicht einem Martyrium,
dem Boris anfangs hilflos ausgesetzt war.
Doch „neue" Erfahrungen geben ihm eine
negative noch wenig bewusste Weichenstellung
fürs Leben.
„Die Weichenstellung zum **Bösen**"
für skrupellose Allmacht, Gewalt und
Schwerkriminalität, die in ihm schlummerte,
doch noch nicht geweckt war, das sind die
genetischen Quellen des Bösen in ihm.

* * *

… Boris verliert schnell die Beherrschung mit
mit vielen Anzeichen aus dem vegetativen
(Sympatikus) Nervensystem, die mit
Erregungen und Stressausschüttungen ins
Ungesteuerte verlaufen.

Herzstolpern, Hypertonie, Atemnot, Schweißausbrüche, Denk- und Verhaltensstörungen, was sich schon bei zwanglosen Unterhaltungen in so einem Erregungszustand mit Drohgebärden äußert und natürlich auf andere angsteinflößend wirkt. Um diese Impulsausbrüche weiß Boris schon, jedoch ohne eine Kontrolle darüber zu haben.

* * *

… Alle Achtung vor Boris´, gelungener Flucht aus Bosnien, über die verschiedenen Landesgrenzen nach Deutschland. Dazu braucht es schon viel Mut oder besser gesagt eine große Portion Gewissens- und Skrupellosigkeit und keiner gesunden Grundangst, die eigentlich schützen soll. Das alles sind schon hohe enorme Psychopathiewerte.

* * *

… Diese Psychopathiewerte machen sich bei Boris in allen Lebensbereichen bemerkbar und ziehen sich wie ein roter Faden durch seine ganze Lebensgeschichte, bis dieses nicht mehr kontrollierbar ist, mit weitreichenden Folgen für schwerste Verbrechen.

* * *

… Schwerste Straftaten als Hochkrimineller, das ist für Boris mit seinen Charaktereigenschaften ein leichtes. Denn wenn er gerne
„**Gangster**" mit langen Knastkarrieren sein will, dann muss ihn das doch in dieser Rolle sehr glücklich machen.

* * *

… Boris´ Charaktereigenschaften mit Gewissenlosigkeit und ohne Angst vor dem Unbekannten, haben ihn aber auch so manchen „**Coup**" gelingen lassen.
Viele schwere und unentdeckte Verbrechen zählen dazu. So auch die Zweckheirat für seinen Aufenthaltsstatus in Deutschland mit der Lebenslüge vor seiner Religion.

* * *

… Der sexuelle Sadismus tief eingebettet in seine genetischen Anlagen, was sich schon in seiner Kindheit mit Quälerei an Tieren, in seiner Zweckehe und dem sadistischen Mord an
„**Lisa**" äußerte.

* * *

Allerdings gab es da doch noch einen wunden
Punkt, der Boris gar „**nicht**" bewusst war.
Seine tief eingelagerten Emotionen.
Ein tiefes Gefühl von „**Liebe**" und
Vertraulichkeit über den Verlust und den Tod
seiner irrealen „**Lisa**".
Das spaltete Boris´, Gefühlswelt in zwei Lager
auf.

… Vom eiskalten **Gangster** in eine
Liebesfalle.
Ein Schwachpunkt für den sonst so starken und
mächtigen „Boris".
Eine innere Zerrissenheit zwischen zwei
mächtigen Energiepolen „**Stärke** und
Schwäche" tat sich auf.

* * *

… Der irreale Mord an seiner Ehefrau
„**Lisa**„ war für Boris in seiner Parallelwelt die
Gefühlswahrnehmung in der sexuellen Trance
durchaus wirklichkeitsbezogen. Sein großer
Leidensdruck über den begangenen Mord an
„**Lisa**" ließ eine Kontaktaufnahme für eine
Charakterergründung durch Hypnose zu.

Als Verdachtsergründung schloss ich, bezogen
auf seine Lebensgeschichte und den
hypnotischen Erkenntnissen auf einen
genetischen Chromosomendefekt, gepaart mit
hohen Psychopathiewerten für ungesteuertes
Impulsverhalten.
Verdeutlicht gesagt und mit einer Portion
schwarzen Humor ausgedrückt, von etwas
Teuflischem besessen zu sein.
„Ein **Genie** des **Bösen**",
das Boris in seinen Klauen gefangen hält.

* * *

… Ein (Chromosomendefekt XYY) ist ein in
der Erbreihenfolge vorgegebener Anlagedefekt,
der nicht therapierbar ist und in der
Wissenschaft das
„**Verbrecher-Gen**" genannt wird.

… Der geborene „**Schwerkriminelle**".
Er stellt ein besonderes Konstrukt von
Eigenschaften mit hohen Psychopathiewerten
dar, die eingelagert in seinem Charakter als
Persönlichkeitsstörung
(früher Charakterstörung) sind und das äußert
sich durch Gewissen- und Skrupellosigkeit,
verantwortungslos ohne Mitgefühl, und ohne
soziale Hemmungen.
Ein abgrundtiefer „**Soziopath**"
mit Machtbesessenheit, wobei sadistische
Anlagen vorhanden sein können.

… Bekannt ist, dass einige Psychopharmaka die Impulsschübe abmildern können, allerdings auch wieder mit starken Neben- und Wechselwirkungen, es gleicht einem Teufelskreislauf.

* * *

Unter dem Mikroskop betrachtet liegt bei so einem Schweregrad keine oder nur bedingte Schuldfähigkeit vor, das in schweren Fällen durch gerichtliche psychiatrische Gutachten zur Feststellung gebracht wird.
Was folgen kann, ist Schuldunfähigkeit mit Unterbringung in geschlossener Psychiatrie für geisteskranke Straftäter und anschließender Sicherheitsverwahrung. Mit anderen Worten, was eine Gefahr für die Allgemeinheit ist, muss weggesperrt werden.

* * *

… **Im Schlussgespräch**
mit Boris wies ich dringlich darauf hin, psychiatrische Hilfe in Fachkliniken aufzusuchen, um das schlummernde Gefahrenpotenzial, das von ihm ausgeht unter Kontrolle zu wissen.

Ende

Zusatzkapitel

- Gefahren erkennen

- Gefahren vermeiden

* * *

Liebe Leser,

zum Schluss dieses Kapitels noch einige
wichtige Anregungen, wenn wir auf Menschen
mit hohen Psychopathiewerten treffen. Wie
schon zu lesen war, geht von Menschen mit so
einem hohen Psychopathiewert eine
Gefährlichkeit aus.
Ja, eine unkalkulierbare, nicht einschätzbare
Gefahr, die es gilt, schon im Vorfeld recht
schnell zu erkennen, wenn wir in solche Fänge
oder Begegnungen geraten, ehe es zu
körperlichen, psychischen, materiellen oder
manipulativen Folgeschäden kommt.

* * *

… Für diese Einschätzung zur
Gefahrenerkennung braucht es kein großes
psychologisches Wissen oder lange
Verhaltensanalysen.
Der gesunde Menschenverstand mit seinen
Wahrnehmungen reicht dafür aus.
Nur ist es wichtig zu wissen, auf was zum
eigenen Schutz zu achten ist und dieses ganz
unmerklich beim Gegenüber wahrzunehmen
und anzuwenden.

* * *

… Hierfür gibt es den psychologischen Begriff
der „Psycho-Physiognomik". Übersetzt heißt
das, die Rotzdiagnostik.
Indem wir mit unseren Wahrnehmungen auf
andere die Körperanatomie in der
Beschaffenheit mit Kopfform,
Körperverhalten, Gebärdenausdruck,
Sprachausdruck, Gesichtsmimik,
ausdrucksstarke Tätowierungen und andere
negative Ausdrucksformen beobachten.

Dies können schon erste Anzeichen sein, über
die Charakter-Persönlichkeit des Gegenübers
für eine gedankliche Einordnung in Sympathie,
harmlos, Unsicherheit, Vertrautheit, oder stellt
das für mich eine „**Gefahr**" dar.
Für diese gedankliche Einordnung, man kann
auch sagen Schubladen-Einteilung, gibt es
keine Logik, keinen Plan oder ein
Nachschlagebuch, es bleibt nur, was mit
unserem gesunden Verstand nicht lösbar ist.
Was sagt mir mein Gefühl, ja, was sagt mir
mein Bauchgefühl dazu.

* * *

… **Diese Einordnungen**
das sei noch ergänzend gesagt, wendet jeder
Mensch ganz unbewusst oder auch bewusst für
seine Gefahrenabwehr an und kann ebenso
fehlerhaft und unzutreffend wahrgenommen
werden.
Eine Verkennung oder Täuschung dieser
Einordnungen kann durchaus möglich sein,
wenn sie sich im Nachhinein als harmlos
herausstellt.
Der Alarmzustand und der Zweifel waren
unbegründet.

… In harmlosen Unterhaltungen die Gebärden des Gegenübers gelassen beobachten und auf sich wirken lassen. Die Gestikulation, das Vokabular, der Sprachausdruck, Gewaltausdrücke, die negativen Unter- und Zwischentöne immer bemüht sein, herauszufiltern.

Was transportiert mir mein Gegenüber im Verbalen oder Nonverbalen herüber und was lässt sich da zwischen den Zeilen alles herauslesen. Sehr ratsam ist es für eine weitere Einlassung nicht nur die vorgeschobene Persönlichkeit, gemeint ist das äußere Erscheinungsbild, den äußeren ersten Eindruck oder das gute Aussehen, in Betracht zu ziehen, **sondern** gesunde Kritik ist angebracht und dass man nicht von vornherein überbeeindruckt ist.

* * *

… Schauen Sie bei Verdacht so einem
Menschen tief in seine Augen. Denn die Augen
sind in so einem Augenblick das Spiegelbild
seiner Seele, seiner Psyche und seiner
Gefühlswelt.
Gelingt Ihnen das aus Schüchternheit nur kurz,
so fangen Sie immer wieder aufs Neue das
Gesicht und die Augen Ihres Gegenübers ein.
Hier lassen sich bei guter Beobachtung schon
die ersten Unsicherheiten für eine negative
Einstellung oder Gefahr entdecken.

… Denn das „**Alphabet**" der Gesichtsmimik
ist eine einzigartige Sprache.

* * *

… So auch die Vorgehensweisen für
aufgestellte Fallen mit getarnten Lügen. Ein
gutes Beispiel zum Verständnis hierfür wäre,
der „**Lügendetektor-Test**".

… wobei der Proband Zeit und Anstrengungen für seine ganze zusammengereimte gedankliche Lügenkonstruktion braucht.
Denn er will ja getarnt bleiben und nicht auffallen. Das bedeutet für den Proband, psychische und körperliche Anstrengung aus dem vegetativen, sympathikutonen Nervensystem mit Erregungszuständen auf den Körper.
Und genau diese Impulserregungszustände wie Atmung, Blutdruck, Muskelreflexe, Gesichtsmimik und anderes werden von Elektronen am Körper vom Detektor erfasst und protokolliert.
„Als Lüge", bei einer gedanklich anstrengenden Lügenkonstruktion.

… Oder bei gelassener Antwort ohne diese vegetativen Ausbrüche „ als Wahrheit „ vom Lügendetektor aufgezeichnet.

* * *

… **Sexueller Sadismus.**
Auch hier treffen wie zuvor alle Beobachtungswahrnehmungen zu, die wir bei Verdacht auf jemanden haben.
Allerdings mit einem kleinen und feinen Unterschied.

Hier besteht schon im Vorfeld ein
Kennenlernkontakt, bis es zu einem echten
Körperkontakt mit Sexualität kommt.
Spätestens jetzt besteht ein Gefahrenpotential
für „**Gewalt**" im sexuellen „**Sadismus**"
mit Lebensbedrohung, das vorher gut getarnt
und ganz unmerklich war.
Bleibt jetzt nur noch zu hoffen, dass in dieser
ausgesetzten „**Gefahr**" Zeit für ein Entrinnen
bleibt, wo immer auch hin.

* * *

… Wichtig noch zu wissen:
Nach all diesen Anzeichen für Gefahr und
Schutz, das nicht nur Männer mit einem hohen
Psychopathiewert betrifft, sondern auch
Psychopathinnen, also Frauen, die gut getarnt
unter uns weilen, jedoch mehr die psychische
Gewalt und das manipulative Konstrukt
bewusst bevorzugen.
Bleibt auch hier nur zu hoffen, dass
Folgeschäden übersichtlich bleiben.

* * *

Liebe Leser,

Der Weg durchs Leben ist keine Autobahn, auf
der es nur immer geradeaus geht „**Nein**“,
das Leben steckt voller Gefahren,
Manipulationen und Unsicherheiten.
Schlagen Sie die Zeitungen auf oder verfolgen
Sie in den Medien die aufgestellten Fallen für
Verbrechen.
Es sollte Ihnen wert sein, Gefahren rechtzeitig
zu erkennen und zu umgehen.
Dieses Zusatzkapitel.

… Gefahren erkennen

… Gefahren vermeiden

wäre eine gute Möglichkeit sich bewusster zu
schützen.

Ende

Kapitel 8

Zurück in die Finsternis.

Ich bin geboren und war schon vorher verloren.

* * *

Lange Zeit war mir Boris in
Vergessenheitgeraten, bis ich über einen
Anwalt einen Brief für eine Kontaktaufnahme
erhielt. Allerdings eine Kontaktierung zu einer
geschlossenen Psychiatrie für Geisteskranke,
mit der Bitte eines Besuches, den ich über
seinen Anwalt einlenken konnte. Ich nahm
Stellung zu dieser Bitte und alle Formalitäten
für eine Besuchererlaubnis mit festem Termin
wurden über seinen Anwalt abgewickelt und
genehmigt. Ein Besuch, der mir doch zu
denken gab und nichts Gutes verhieß. Sollte
sich wirklich mein Verdacht, meine Prognose
aus meinem damaligen Schlussgespräch mit
Boris bestätigen.
Ehe noch viel schlimmeres passiert. So oder
ähnlich waren meine Gedanken darüber.

Überpünktlich machte ich mich zum
Besuchstermin auf den Weg in die
geschlossene psychiatrische Anstalt. Alle
Formalitäten wurden am Eingang sorgfältig
geprüft. Ähnlich wie die formalen Abläufe in
Sicherheitsschleusen am Airport, für das
Einbringen verdächtiger Gegenstände, wie
Waffen, scharfes Metall oder ähnliches. Aber
auch schriftliche Unterlagen von mir wurden
streng in Augenschein genommen. Nichts
sollte dem Zufall überlassen bleiben. Weiter
wurde ich in Begleitung eines Wärters in ein
großes Besucherzimmer, mit stark vergitterten
Fenstern und verschieden Stahltüren zu
meinem Platz hinter einer großen Glasfront
geführt.

* * *

Einige Zeit verweilte ich so auf meinem
zugewiesenen Platz hinter der Glasfront im
sehr zweckmäßig und kühl eingerichtetem
Besucherzimmer, bis laute Schloss- und
Schließgeräusche meine Aufmerksamkeit in
Richtung einer Stahltür lenkten und Boris in
Begleitung zweier Wärter erschien, die ihn mir
gegenüber hinter der Glasfront auf seinen Platz
wiesen.

Ein Aufsichtswärter verblieb im Besucherzimmer zur scharfen Beobachtung für den geordneten und gesicherten Ablauf der zweistündigen Besuchszeit. Der andere Wärter verließ das Zimmer auf gleichem Weg, wie er gekommen war.

* * *

Nun saß mir Boris auf eine etwas ganz andere Art gegenüber als bei der Charakteranalyse.

… Wie mir auf Nachfrage noch am Vortag sein Anwalt mitteilte, ist Boris ein verurteilter geisteskranker Straftäter für einen schweren sadistischen Sexualmord an einer jungen Frau, mit anschließender Sicherheitsverwahrung.

… Klarer ausgedrückt, „Boris" wird die Geisteskrankenanstalt nur im „**Sarg**" verlassen.

* * *

Seine Gesichtszüge erschienen mir beim Anblick sehr verzerrt und ausdruckslos. Die Augen trübe und teilnahmslos, seine Stimme rau mit hartem Klang. Ich vermutete, dass Boris unter starkem Psychopharmaka-Einfluss stand, die ihn ruhigstellen sollten. Aber er bemühte sich um das Gespräch mit mir, ab und an mit einem gezwungenen Lächeln.

Es wurde über dieses und jenes geplaudert und doch war dazwischen den Zeilen etwas Wehmut aus der alten Kennenlernzeit mit mir herauszuhören.

… Eine Last, die damals von ihm abfiel, ja eine „**Katharis**", eine Seelenreinigung, die ihm damals sehr wichtig erschien, in meinem Schlussgespräch seiner Charakteranalyse, „**wer bin ich**". Die Besuchszeit ging dem Ende zu. Erst jetzt verstand ich den wesentlichen Grund für dieses Zusammentreffen. Boris äußerte noch einen letzten und vertrauten Wunsch, der unserer Gesellschaft für Gefahr und Schaden dienlich sein soll. „**Ein Buch**" über sein verworfenes Leben zu schreiben. Ich war sehr erstaunt über diese Anwandlung und machte mir im Nachhinein ernsthafte Gedanken darüber.

… Die Triebfeder zum Schreiben war bei mir geboren, mit einem Buchskript, das ich ihm später zukommen ließ.

* * *

Liebe Leser,

die „Natur" hat Boris ein selbstzerstörerisches
Leben aufgebürdet. Vielleicht hatten wir mehr
Glück und können dankbar sein für das
Geschenk der Natur „**gesund zu sein**".
In der Gerichtsbarkeit schlägt die
„**Waagschale**" nach Gerechtigkeit aus. Jedoch
in dieser Fallstudie oder auch Fallgeschichte
schlug die Waagschale für Boris in einer
höheren Gerichtsbarkeit ohne Gnade in die
Unmenschlichkeit aus.

* * *

Ich habe noch gut in Erinnerung wie Boris zum
Ende der Besuchszeit in einen langen dunklen
Gang zurückgeführt wurde. Dunkel wie der
Gang, so dachte ich, war auch seine
Seelenfinsternis, die ihn gefangen hält.
Mit einem letzten traurigen Schulterblick
zurück zu „**mir**" und den Worten:

**Ich bin geboren und war schon vorher
verloren.**

Ende

Über den Autor:

Franco W. Schneider,
durch meine Fachausbildung in der
H y p n o s e,
der klassischen Tiefenhypnose nach S. Freud
und der Autosuggestion nach E. Coué.
entwickelte ich in meiner Therapiefreiheit eine
spezifische Hypnose für **S u c h t-**
und Erinnerungsamnesie
v e r s c h o l l e n e r Erinnerungen.

Liebe Leser,

für die Hypnoseausübung
bringe ich nicht nur die Fachausbildung für
Hypnose- und Erinnerungsamnesie mit,
sondern auch mein Erfahrungspotential aus
meiner Klientenarbeit für gesunde Ratsuchende
mit den unterschiedlichsten
Persönlichkeitscharakteren.
Für den Erfolg meiner spezifischen
H y p n o s e – T r a n c e,
I n d u k t i o n e n
und Erinnerungsamnesie verschollener
E r i n n e r u n g e n ist meine ausgeprägte
m e i n empathisches Einfühlungsvermögen in
andere Menschen, verantwortlich.

I c h fühle, was **D u** fühlst und
I c h denke, was **D u** denkst,
auch ohne Worte.
Deine unbewusste Körpersprache verrät **m i r**
mehr als **d u** sagen willst,
ist für **m i c h** von großem hypnotischen
Nutzen.
Dieses empathische Einfühlungsvermögen
ist eine **G a b e**, ja
ein **G e s c h e n k** der Natur zur
Weiterreichung für die
„**G e s u n d h e i t**" meiner Klienten.

* * *

In den Folgebüchern aus meiner früheren
Klientenarbeit über Klienten mit
Erinnerungsamnesie oder
Erinnerungsverdrängung durch
T r a u m a g e s c h e h n i s s e,
werden in Hypnosetrance unbewusste
Vorgänge enttarnt und sichtbar gemacht,
was mit unserem normalen Wachbewusstsein
nicht möglich ist und für meine Klienten im
Nachhinein wundersam, aber auch
erschreckend ist, was ihr Unbewusstes alles
preisgibt.

* * *

Liebe Leser,
Geheimnisse aus dem Unbewussten zu
ergründen und sichtbar zu machen,
ist sehr geheimnisumwittert und spannend in
meinen Büchern zu lesen,
die es wert sind, sich vorzumerken.

* * *

Tauchen Sie ein, zu der Innenseite Ihres Ichs
durch Autosuggestion und Tiefenhypnose.
Entdecken Sie neue und schöne Seiten an sich,
nur diesmal innere Schönheit.

* * *

Meine Folgepublikationen konnten nur mit
Einwilligung und Mitarbeit aus den
Lebensgeschichten meiner Klienten
geschrieben werden, denen ich hiermit meinen
D a n k   a u s s p r e c h e.

* * *

Auf meiner Internetseite finden Sie eine
Buchauswahl unter

www.autor-francowschneider.de

* * *

F o l g e p u b l i k a t i o n e n:

**Therapie
in Hypnosetrance.
Die Giftsucht.**

Das Selbsthilfebuch.
Rauchen und Nikotinsucht besiegen.
DenMenschen durch Hypnose aus seinem
geistigen Gefängnis holen.

* * *

In sich gefangen.

Ein Hilfeschrei aus der Seelenfinsternis. Wohin
schlägt die Waagschale für Menschlichkeit aus.
Gefahren erkennen – Gefahren vermeiden.
Ich bin geboren und war schon vorher verloren.
Ein Weg im geistigen Labyrinth, der nie endet.
Die Begründung einer Seelenfinsternis in
Hypnosetrance.

* * *

**Geheimnisse
aus dem Unbewussten.**

Ein Schritt ins Jenseits und zurück.
Ein Buch das nachdenklich macht.
Eine Nahtoderfahrung.
In Hypnosetrance ein Blick durch die geöffnete
„Tür ins Jenseits".

* * *

**Liebeskummer
Der mein Leben veränderte.**

Das Selbsthilfebuch für die Zeit danach.
Eine Biographie.
Erinnerung der **L i e b e** .
Die Gefühlswelt in Revolution.
Eine hypnotische Weichenstellung für
n e u e s   G l ü c k .

Lebenskunst

Der ungebrochene Wille
immer wieder aufzustehen.

Das Selbsthilfebuch:
Durch Hypnose und Autosuggestion im Leben
kein Verlierer zu bleiben.

* * *

Die verkaufte Seele

Die Biographie einer
E d e l p r o s t i t u i e r t e n.
Neue Wege durch eine hypnotische
Weichenstellung.

* * *

Für immer verschollen

Unwiederbringliche Erinnerungen.
Eine Biographie:
Eine hypnotische Reise in das Reich des
Unbewussten.

**Hypnotische „Diät"
bei Übergewicht.
Esssucht. Magersucht**

Das Selbsthilfebuch.
Die hypnotische **D i ä t** durch Selbsthypnose
und Tiefenhypnose bei Übergewicht.
Ein Weg, sich glücklicher zu fühlen.

* * *

**Das Jahr 2222
geht dem „Mensch"
das Menschsein verloren?**

Eine philosophische Zeitreise
in das Jahr „2222".

**Therapie
in Hypnosetrance.
Erfolgssucht.**

Burnoutsyndrom.
Das Selbsthilfebuch.
Der Sturz in den Abgrund.
Die hypnotische Lenkung, frei zu werden.

* * *

**Therapie
in Hypnosetrance.
Die Giftsucht.**

Alkohol und Drogensucht.
Das Selbsthilfebuch.
Die hypnotische Hilfe für Giftsucht.

Gefangen im „Netz" der Sucht
Internet und
Glücksspielsucht.

Das Selbsthilfebuch mit einer hypnotischen
Lenkung.
Eine Biographie.
Der Bildschirm und Roulettekugel
die mich beherrscht.

* * *

Eifersucht.

Der mächtigste Liebesdrang auf dieser Welt.
Eine Biographie:
Eine hypnotische Lenkung aus dieser
S u c h t f a l l e.